マルクスのロビンソン物語

大熊信行

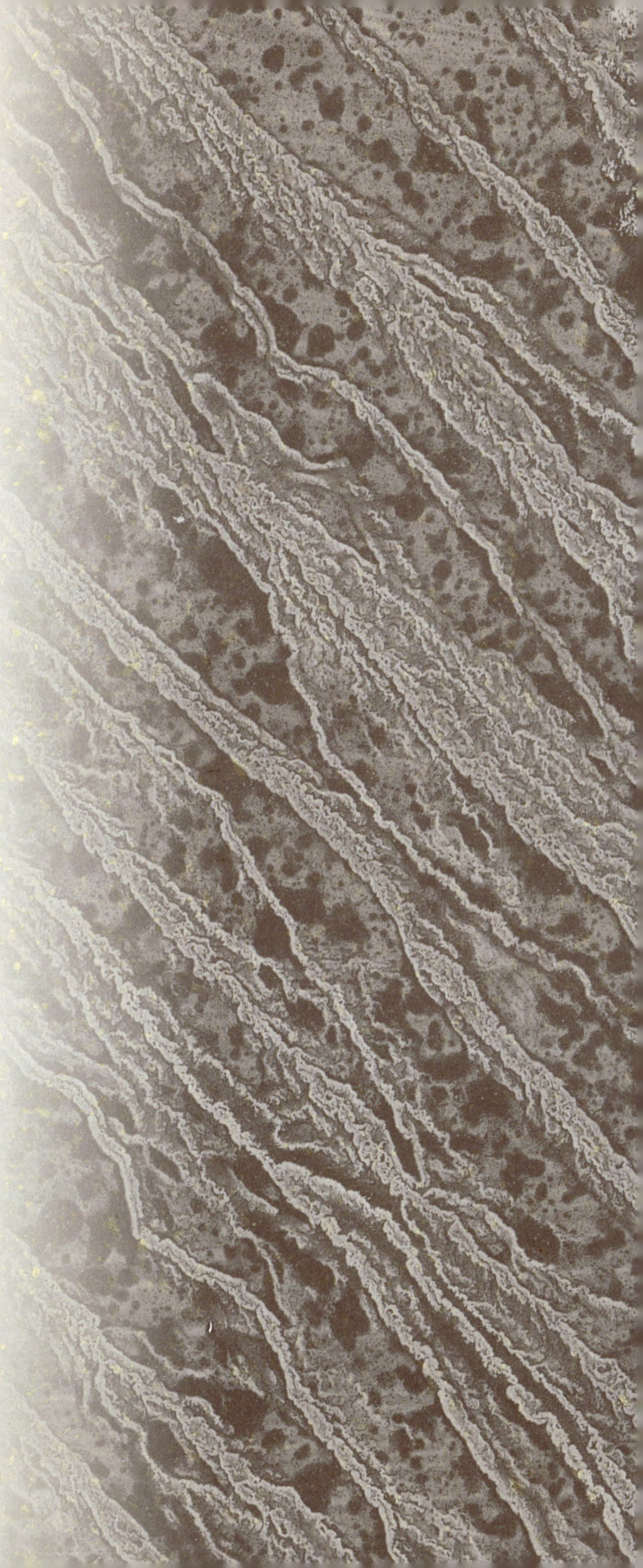

論創社

マルクスのロビンソン物語

マルクスのロビンソン物語　目次

マルクスのロビンソン物語

諸家の批評に答ふ

凡　例

一、漢字の表記については、原則として「常用漢字表」に従って底本の表記を改め、表外漢字は、底本の表記を尊重した。
一、難読漢字については、現代かなづかいでルビを付した。
一、あきらかな誤植は訂正した。
一、底本にある傍点・圏点は、そのままとした。

マルクスのロビンソン物語

同文館　一九二九年一〇月五日

序

かかる著作においては、まづ内容をもつとも簡潔にいひあらはすことが必要である。いかなる経済学の読者といへども、この書を手にし目次を繰つたのみで、そのなかに何が取扱はれてゐるかを感知することはできない。なぜならこの著作の内容をなすものは、いまだ曾《かつ》てそのやうな取扱ひ方において経済学のなかに存在したことのないものだからである。この著作の主題をなす配分学説とは然《しか》らば何か。著者はいふ、『経済学上もつとも新らしく、そして隠約《いんやく》のあひだにはその成立もつとも古く、そしてもつとも重要な観念は、配分観念である。かくいふのは、過去二世紀に亙《わた》る科学としての経済学のあらゆる理論的体系の批判によつて得られる一つの究竟的《きゆうきよう》な結論である。』と。またいふ、『ここに配分観念が新らしいとの意味は、その学説の成立または法則の発見が新らしいとの意味ではなくして、箇々別々《ここ》に成立し発展してゐる諸学説を目して同一真理（或《あるい》は仮説）の種々なる表現であると認める一つの方法が新らしいとの意味である。配分観念はそれらの諸学説を或《あ》るただひとつの角度から理解することによつて得られたところの一箇の綜合的な観念である。新らしいのは発見そのものではなくして、箇々の発見を統一しなければやまぬところの包括的な意識的な仕方をもつてする取扱ひそのものである。いな、かかる取扱ひは経済学の現状において、いまだ何人によつても試みられたことなく、今日以後に期待されなければならぬ。』と。そして本書は著者の信ずるところによれば、かかる取扱ひを試みんとする最初のものである。

この研究の窮極目的は、一箇の法則によつて経済生活の理論を組織することが奈辺まで可能であるかを試みることであるとはいへ、著者が本書において到達してゐるのは、むしろ今日までの経済学においてこの法則がいかなる程度において意識的な適用をうけつつあるかを吟味することである。かかる吟味は学説史的研究に属するとはいひながら、右の窮極目的にむかつてすすむにあたり、渡らねばならぬ最初の段階である。

しからば著者はいかにしてかかる研究の端緒をつかむに至つたか。これを手短にのべることは、読者の興味を直ちに問題の中心に惹《ひ》きよせる結果にまでは至らなくとも、その理解へのひとつの手引とならないとはかぎらない。一九二二年十月のことであるが、著者は慶應義塾大学教授小泉信三氏の著作『社会問題研究』のなかに収められてゐるひとつの論文『労働の苦痛』と題するものを繙読《はんどく》してゐるあひだに、重大な疑問に陥つた。なぜならそのなかには次ぎのやうな驚くべき結論が示されてあり、そしてその結論が誤謬であることは証明を要しないまでに明白であるやうにおもはれたからである。

人間は労働に依《よつ》て自然からその求める所のものを購ふ。而《しか》してその労働は人の苦痛とするところである。この苦痛が人間の自然に対して負担する窮極の犠牲なのである。今力作に苦痛あらしめる事情が除かれて、一切の労働が謂《い》はば遊戯化とすることがあるならば、人間の自然克服は其《その》時初めて完成したと云《い》つても宜《よ》い。今日の水や空気と同様に、人間の求める一切のものは其時初めて自由財となるべき筈である。

私をくるしめたのは、この結論が確定的に誤謬であるか否かの判断ではなくて、この明白な誤謬を分解するのに必要な見地はいかなるものでなければならないかといふ疑問であつた。私はこの問題をいはゆる生産理論に属するものと考へ、価値理論に属するものとは心付かなかつたのである。或る日遂々《すいすい》私はそれに心付き、図書館にとびこんで眼のとどくかぎり内外の書物を調べたが、私が発見したのは、いかなる原理の書においても費用概念については何かしら曖昧なものが遺《のこ》されてゐるといふことであつた。そこで私はこの問題についてはいかなる学者の所説にもしたがふことなく、自己の経験に即して思索するのを安全であると考へるに至り、費用概念は有限手段の支出以外に苦痛感を必要としないといふ断案に到達したのである。

この断案は一見してそれ自体さまで重大な意味をもつものとも見えぬにかかはらず、その後における私の経済学の研究に意外な一方向をとらしめる契機となつた。当時経済学の勉強に志して間もなかつた私は、まづリカードとジェヲンスとを併《あわ》せ読みながら、いづれにもその理解の到らざることを恟々《きようきよう》として恐れてゐるやうな心の状態にあつた。かかる心の状態は両学者の根本思想を批判の余地なく私に植付けるのに役立ち、両者のものは多少とも私自身のものであるといふに庶幾《ちか》かつた。しかるにいま、後者の思想の一半たる苦痛理論を切断してしまふやいなや、おもひもよらず労働価値思想と最終利用の理論とは、私ひとりの頭のなかで急速に接近しはじめた。しかるに価値問題に関する当時の私の見解によれば、両学説を完全に綜合することは我等の科学に遺されてゐる至高の未決問題であつたから、この課題が私自身の頭脳のなかで解かれはじめてゐるといふ実感は、私の心を動顚せしめたのである。殆《ほとん》ど六週間ばかり無我夢中で思索をつづけた揚句《あげく》、私は私の手になる綜合説の基本体系ともいふべきものの雛形《ひながた》を組みたてた。

だがそれから私は健康問題のために、手をつけたばかりの研究を見すてるに至り、肉体よりはむしろ精神の蹌踉《そうろう》と蹣跚《ばんさん》とのあとで、一九二六年の二月に及んでふたたびこの研究を自分の手にとり戻すことができた。私は少しづつ問題の視野をひろめ、且つ視角をあらためてゆくうちに、さきの価値説綜合の試みについては、それ自体を最後のものとして考へることから離れるに至り、むしろ配分学説の綜合的把握のために必要なひとつの課程としてのみこれをかへりみるやうになつた。

私は私の雛形をみづから観察してゐるあひだに、――それは現に本書の第二章に殆ど原型のまゝ保存されてゐるが、その重大な特徴は限界利用均等法則の適用の方向と方法とに存することを発見し、配分原理といふ名称そのものが指示するところの客観主義的な取扱ひそのものゝ意義を重視するに至つた。私は一方においてはこの法則が過去の労働価値学説のなかにいかなる程度において表現されてゐたかを吟味することに興味を感じはじめ、他方においてはこの法則が現代の経済学の体系のなかにいかなる限界まで意識的に適用されてゐるかを吟味することこそ緊要であると考へはじめた。その手はじめとしてまづ一方にはマルクスを、他方にはマーシァルを択《えら》んだのである。私はここで本書を構成してゐる数箇の論文について二三の説明を副《そ》へることが必要であると考へる。

まづ小泉信三教授の所説にたいする批判から端を発した私の費用概念に関する新らしい論策は、一九二七年刊行の小著『社会思想家としてのラスキンとモリス』のなかに発表する機会をえた。それは私の綜合説の序説として肝腎のものであるが、すでに他の著作に収められてゐるといふ理由によつて本書には収録されてゐない。綜合説の雛形的な体系は殆ど原作のまゝで同年の秋東京商科大学編輯の『商学研究』に発表する機会をあたへられた。現に本書の第二章をなすものがそれであることはさきに一言したごとくである。

カール・マルクスの価値学説がいかなる形態において配分学説を包蔵するかは、久しく私の念頭をはなれない宿題であつたが、昨秋私は『資本論』の冒章に挿入されてゐる一箇のロビンソン物語に注目し、これをもつてマルクスにおける配分観念の element であると断定するに至つた。私を驚かしたのは、綜合説の雛形的な体系のなかで私自身がゑがいたところの孤立の巨人像は、まさしく拡大鏡に映しだされたマルクス・ロビンソンの真の姿であるといふ一事であつた。こゝに面白いことには、この一事は却《かえつ》て私よりも先きに東京商科大学の学生栂井義雄君によつて認められてゐた。同君は私が日本を立たうとする数日前に私を訪ね、私の『配分原理』のなかにゑがかれた巨人は、マルクス・ロビンソンの註釈たりうるものであることを指摘した。のみならず、同君は私の『配分原理』をマルクス主義の立場から厳しく克明に批判してゐたのであつて、その論文の草稿たる一冊のノートは、私が切に借覧を乞うて船中にもちこむことをえたものである。私は印度洋上でくりかへしそれを読み、読むごとに感興を新たにした。なぜなら栂井君の批判は殆ど悉《ことごと》く正鵠《せいこく》をえてゐると同時に、私自身もまたすでにその批判を免れうるまでに問題にたいする視角をあらためてをり、そして私が丁度そのとき『改造』誌上に発表することをえた『マルクスのロビンソン物語』は、近時の私の歩みを語るとともに、同君の批判にたいする弁駁《べんばく》をおのづから含むものであると信じられたからである。

序《ついで》ながら『改造』誌上に発表された拙論にたいしては、『新興科学の旗のもとに』と題する雑誌が非常に迅速にといふよりは類例のない性急さをもつて一つの批判をかかげた。それはシベリアを走つて私よりもさきにロンドンに到着してゐたが、マルクス主義者をもつて任ずるその批判者は、私以上にマルクスについて知るところ乏しく、配分理論を咀嚼《そしやく》するにはまだ歯並のそろはない人であつた。この手の批評家なるものは、いつの世にも、いかなる分野にも、種の尽きることのないものであり、ただ時勢とともに姿を変へつゝ、或るときはマルクス主義の旗をその襟首に差してゐるのである。――この批評家の解するところによると『生産に先んずる分配――それを大熊氏は配分と云ふ』のださうであるが、かゝる驚くべき解釈のうへに立ちながら彼は八頁にわたつて私を批評し、あまつさへ『稚気がある。愛すべきだ。だが今後は少し考へてほしい。新発見などはよして、まじめに（！）経済学を研究してほしい。』などといふ忠告さへ私にあたへることができたのである。まじめに経済学を研究することの必要は、むしろ『新興科学の旗のもとに』集る自称マルクス主義批評家の側に逼迫《ひつぱく》してゐるやうに感じられたので、私はその旨を彼にいひ送つた。

さて本書の第一章をなすものは、『改造』誌上に発表されたもの、初稿——推稿足らざる——であつて、真の順序として第四章の配分学説史考の直後につゞかなければならぬ。なぜならそれは事実において史考の一節であり、史考はまたこの一節への準備として書かれたものであるといふことができるからである。著者自身の現在の見地をもつともよく示すものは、配分学説史考の冒頭三節であるが、もし敢《あえ》て希望をのべることをゆるされるならば、読者はこの部分をまづもつて一読せられたい。マルクス、ロビンソンはそののちにつゞくべきである。私はロビンソンの結末に加筆することによつてそれと第二章との連絡に興趣をそへようとしたが、今にしておもふに無用の仕儀であつた。第一章と第二章とのあひだには執筆の時期に大いなる懸隔があるのみならず、問題の取扱ひ方そのもの、相異はかゝる軽率なる聯接をゆるさぬ筈である。

第三章はアールフレッド・マーシァルの体系における配分原理の適用範囲を検討するとともに、なほそれ以上多少の積極的意図を蔵するものである。この一篇は神戸商業大学編輯の『国民経済雑誌』に断続的に発表され、いまだ完結に至らぬものではあるが、すでに幾つかの問題は処理されてをり、他の幾つかの問題もその端緒についてゐる以上、これを未完のま〻収録することはいさ〻かも躊躇さるべきではない。私は一九二六年にこの仕事をおもひたつた。自分の気のすむやうな形でこれを結ぶのにはなほ一両年を要するであらうとおもふ。幸にしてその仕事を完了することができたならば、次ぎに私はグスターフ・カッセルを択むつもりである。

以上述べるところによつて、本書がいかなるものから構成されてをり、そしてその共通の目的は何であるかといふことが明かにされたとおもふ。著者が現在までに到達してゐる見解によれば、配分学説は経済学のあらゆる学派におけるゐる均衡理論の真の枢軸をなしつつあるにもかかはらず、この事実そのものはあらゆる学派によつていまだ十分に意識されてゐないのである。本書にして若《も》しもこの一事にたいし読者の注意を喚起しうるならば、著者の目的の半ばはすでに達せられたものといつてよい。なぜならかかる事実の認識は、我等自身にあたへられた新らしい課題は何かといふことを覚らしめるであらう、そしてこの課題に当面することは唯《ただ》著者一個の任務たるべきではないといふことを覚らしめるであらうから。——著者はかくも彼自身の研究の意義を重視してゐる。恐らく読者は彼の偏執を笑はれるであらう。だがいかなる人間といへども自己の思想に偏執することから免れうるものではない。——その思想に執することはすなはち彼をして真理に執するの思ひをいだかしめるのである。

私は本書をその榻下《とうか》に献ぜんと欲する人をもたぬのではないが、このたびはこれを思ひとどまつた。なほみづからの業績に足らはざるものを深く内に感ずるからである。幸にして諸事悉く都合よくすすみ、一層整つた形において本書を再刊する機会をめぐまれるならば、私はこれを恩師福田徳三博士の榻下に献ぜんことを欲する。私が一橋において先生の経済学を聴講したのは一九一三年のことであり、先生の著『経済学研究』によつて価値問題の所在とその歴史的意義とを知りえたのは一九一八年のことであつた。幸にも翌年の春、ゆるされて博士の研究室に入ることをえたが、私がその二年間に選ぶことのできた題目はむしろ理論からは遠いものであつた。にもかかはらずその研究は慮《はか》らずも私を導いて価値理論のなかに坐せしめる契機を含んでゐたのである。私はこの過程を回顧するごとに不可思議の念に堪へない。なぜなら私は私の思索の発端において、すでに述べたごとくそれが価値問題に属することを全く気がつかなかつたほど、それほど無意識に問題のなかに滑りこんだからである。

だが一旦それと気づいたときに、その瞬間から私に衝撃をあたへはじめたものは、数年前に読んだところの福田先生の著『経済学研究』――詳しくいへばそのなかであたへられてゐるところの価値問題に関する深刻な暗示であつた。もしも私のうへにこの暗示が強く作用してゐなかつたならば、私は恐らく自分の眼のまへを通りすぎる問題の性質を理解することなしに、それをやり過ごしてしまつたであらう。私が問題をつかまへ、そしてたしかにその鍵をにぎつたとおもつたときに、これを直ちに福田先生に愬《うつた》へたことはもちろんであり、そして私の綜合説の雛形的体系とその附随的な論文とは、文字・仮名遣ひの誤謬に至るまで先生の朱筆を仰ぎえたこと研究室時代におけると異るところがなかつた。爾来《じらい》今日に至るまで先生の指導の下にあること昔と異らず、事の学問に関すると否とにかかはらず愚問をもつて先生を悩ますに至つては年とともに愈太《いよいよはなは》だしい。

　昨年の秋一日、都門の人士はおほむね去り、高原の風は水のごとく澄みわたつた軽井沢の山荘に、私は先生の門を叩いた。この一日は私にとつて忘れがたいものである。先生は私に命ずるに私の問題をあらためて説明することをもつてし、私はこれに応《こた》へんとして躓《つまず》きつつ屢ゝ《しばしば》令息福田了三兄によつて援《たす》けられた。この日『配分原理』の体系が収獲法則を無視しつつあることを先生から指摘された私は、突如足場を奪《と》られた煉瓦工のやうな眩暈《めまい》を感じたが、爾来私は経済学における均衡理論の意義を一層深く考へるに至り、マーシァルの体系を解剖するにあたつて必要な用意が漸《ようや》くにして整つて来たことを感じた。『配分原理の拡充』はすなはちそれからのち私の仕上げにかかつたものである。

　六週間の航海と一週間の仏蘭西《フランス》旅行ののち、去る七月八日に私は最初の目的地たるロンドンに到達したが、英吉利《イギリス》大使館気付をもつて福田先生から送り届けられてゐた雑誌『改造』の最近号は、先生の長論文『余剰の生産、交換、分配＝資本主義社会に於《お》ける『共産原則』の展開＝』を巻頭に頂くものであつた。そして私が、いまだ自分の到達しがたい諸問題を深くひそめてゐるこの雄篇のなかで、屢《しばしば》先生が私の所説に言及されてゐるのを見いだしたときには、嬉《よろこ》びと不安の感情がひとつになつて私を襲つてきた。だが心をおちつけて繰りかへし読みかへすうちに、私はこの雄篇が全体として私自身の問題にあたへるところの示唆の測るべからざるものであることを発見し、就中《なかんずく》次ぎの一節は、配分法則の動学的適用にたいする最初の地界標であることを認めるに至つた。――

　発展なき社会にあつては、資本に向けられる生産活動は、唯《た》ゞ其《そ》の消耗を補填することに止る。マルクスの「不変資本」！　それは、決して貯蓄ではない。発展する経済社会に於いては、生産活動は、より多くの資本を作り出すことに向けられる。其れは即ち貯蓄である。ロバート・リーフマン「貯蓄の理論」シュモラー年報掲載　現代の流通社会にあつては、消費は所得を以《もつ》て消費品を購ふことを意味する。貯蓄は、所得を以て生産財を購ふことを意味する。消費は商品の生産を促し、貯蓄は資本の生産を促す。消費の節約とは、需要の節約ではない。唯其の充用階段の転化を意味する。乍去《さりながら》、所得は、如《い》何《か》なる場合にも之《これ》を貯蓄することによりて、より多くの用を為《な》し得るものと考へてはならぬ。発展する社会は、これなき社会に比して、貯蓄の弾力性を著しく多く有《も》つには相違ない。然《しか》し其れは無限なるものでもなく、また如何なる場合にも用あるものでもない。其処に必ず限度あり、其処《そこ》に必ず選択あるを要する。大熊教授の所謂《いわゆる》『配分の原理』なるものが、此《この》事を意味するならば、其《そ》れは正しい。マルクスの所謂『社会的必要労働時間』の考へ方は、茲《ここ》に甚だ深き洞察を与へる。社会的に必要な貯蓄のみが、真の貯蓄である。『社会に必要』といふことが曖昧なりと難ずる人は先《ま》づマルクスについて、『社会的に必要な労働時間』の曖昧なりや否やを吟味して見なくてはならない。社会的に必要ならざる貯蓄は、厚生を害する。其れと同様に、社会的に必要な貯蓄を減ずる消費も亦《ま》た、厚生を害する。何となれば、両者何《いず》れも、社会の生産力を浪費するものであるから。前者を名《なづ》けて、過超貯蓄と云ひ、後者を名けて、過超消費と云ふ。而してまた同様に、過少貯蓄、過少消費も厚生を害する。何となれば、其れは、社会の生産力を萎縮せしむるものであるから。現代の産業社会は、一定期間の所得の総額以上を消費し能《あた》はざるは、言ふまでもない。従つて、過超消費とは、所得以上を消費することを意味するものではない。生産力の維持と増進とに充《あ》てらるべきものを、直ちに消費することの謂《いい》である。生産力の維持と増進とに社会的に必要なる貯蓄と、同じく生産力の維持と増進とに社会的に必要なる消費との間には、其時々に応じて一の正しい配分の比例が存する。此《こ》の比例を保つことが、真の均衡である。（所謂エキリーブル・エコノミツク、需要と供給との均衡は其れではない）。（改造第十一巻第七号一七—一八）

ここに含蓄ふかく述べられてゐるところの貯蓄と消費との配分的均衡——『一の正しい配分』——は、本書の第一章において危く触れんとして触れず、第二章において全然これを不問に附し、第三章において当然触るべくしていまだ触れず、第四章においてわづかにこの問題が配分学説の範域に属するものであることを注意したにとどまる。一言にしていへば本書の研究は配分法則のかかる動学的な適用の問題にまですすんでゐないのである。この研究の窮極目的が一箇の法則によつて経済生活の理論を組織することが奈辺まで可能であるかを試みることにあるとは、序文の冒頭に述べたところであるが、――著者一個の力をもつてして果たしうるところが幾何《いくばく》であるかは疑問であるにもせよ、願はくは右にあたへられた新らしい指標によつてなほ多少の前進を試みたいものである。

私の出版者森山譲二氏は、はじめ私の研究をパンフレットとして次ぎ次ぎに刊行することを約束されたが、私の出発間際に遽《にわか》に本書刊行の立案成り、そして私が欧洲航路の船客となつたときには、索引作成用のゲラ刷がすでに私の小脇にあつた。本書の序文はいかにおそくもシンガポーアから発送する予定であつたにかかはらず、条件の激変は私の執筆をさまたげ、私は遂〻その意図を放棄してしまつた。索引の作成もまた私の予想を超えた難事だつたので、私はそのもつとも骨の折れる部分を出版者にゆだねることにきめた。かくして多大の迷惑を出版者にかけるに至つたのみならず、類例のない急速度をもつて本書を刊行すべく試みられた森山氏の厚意は、この序文と発送遅延のために、むなしくされたのである。

いま船中におけるとは全く異つた条件において、また日本におけるとも全く異つた環境において、長きに失するほどの序文を殆んどしたためをはり、しかもなほ感慨の澎湃《ほうはい》として尽きざるものを覚えるのはこの中に少しも言及されないにかかはらず私が筆を執りつつあるあひだ絶えず私の記憶と連想とから離れることのできない幾人かのよき友を思ふがためである。彼等はみな著者の教師であり批判者であり、鼓舞者ではあるが、しかし何よりも第一に彼等こそ著者の問題にたいする最初の理解者であつた。

一九二九年八月十日　ロンドン、大英博物館において

著者

マルクスのロビンソン物語

価値法則の背後にあるもの

1

マルクス『資本論』の全建築の基礎に、ひとつの奇体な柱がうづめられてゐる。この柱は一体いかなる目的で彼の理論の根柢にすゑおかれたものであらうか。この柱をひとつ明るみに取りだして見ると我等は奇怪の感に堪へない。なぜならそれは一箇《こ》のロビンソン物語だからである。なぜマルクス経済学の根柢にロビンソン物語のあることがそれほど奇体であるか。――なぜならマルクス経済学こそはロビンソン物語を排撃するところの唯一の学説であるといふ見解がすべての人々を支配してゐるからである。『資本論』のなかに一箇のロビンソン物語が存在するといふこと、しかもそれは単なる気紛れの挿話や比譬ではなくして、実に理論的に彼の全体系の出発点をなすといふことほど意外なる事実はすくないであらう。この事実は、一見すると、マルクス経済学の方法論的基礎に対する従来のマルキシスト――たとへばブハーリン――の見解を粉砕しなければやまないやうに思はれる。

ブハーリンの見解によると、社会現象殊《こと》に経済現象の研究にあたつて、我等の執りうる道は二つある。第一は社会現象をもつて個人的現象の一定の結果であるとする考のうへに立ち、個人的生活における合法則性の分析から出発することによつて社会経済の諸現象と合法則性とを説明しようとするもの、第二はこれに反して社会現象をもつて個人的現象の結果であると観ずることなく、全体としての社会そのものを直ちに分析することによつて個人的な経済生活を規定するところの諸関係と合法則性とを発見し得べしとするものである。そして第二の立場こそ、いふまでもなくブハーリンによつて考へられたマルクスの立場である。第一の立場は墺太利《オーストリア》学派の立場であるとともに、同時にまた古典学派の立場であると看做《みな》され、したがつてマルクス学派のみひとり徹底的に極端なる客観的・社会的立場にをり、他のすべての学派は主観的・個人的立場のもとに一括されうるものとなる。それらの個人主義的徴候は、ブハーリンの見解によれば、彼等がその学派の如何《いかん》を問はず期せずしてみなロビンソン物語を好むといふ一点から看取することができる。ブハーリンはこの一事を嘲《あざけ》りの音調をもつて指摘してゐる。

だが、経済学におけるロビンソン物語の適用にたいし嘲評《ちようひよう》を加へるといふことは、ブハーリンをもつて嚆矢《こうし》とするものではない。カール・マルクスこそかかる理論的方法にたいする最初にして最大の批判者であつた。この事実は彼自身の大著『資本論』の基礎に疑ふべくもない一箇のロビンソン物語が儼存《げんぞん》するといふ当面の事実と対照されるときに、容易ならざる興味を喚《よ》びおこすのである。――『経済学批判序説』のなかに彼はいふ、『我々が歴史を遠く遡《さかのぼ》れば遡るほど、個人は、従つてまた生産する個人は、非独立的な、一のより大なる全体に属してゐるものとして、現れる。最初には、尚《な》ほ全く自然的なる方法で、家族に、および種族にまで拡大されたる家族に、後には、種族の対立と融合とから生じたる種々なる形態の共同団体に。……人間は最も言葉通りの意味において Zoon Politikon（社会的動物）である。ただに社会的動物であるのみならず、社会においてのみ個別化し得る動物である。社会の外部における孤立せる個人の生産といふことは、——それは稀《まれ》にしか文明人が偶然に荒野に迷ひ込んだ場合に起り得るのであるが、かかる文明人は既に諸々の社会力を能動的（dynamisch）に有してゐる——共に生活し共に語る個人なくしての言葉の発展といふに等しく、一の背理である。』と。

かく言ふマルクスが、『資本論』全体系の展開をその商品分析からはじめるにあたつて、——しかも『価値のあらゆる本質的な規定』に関する最も簡明な基本的説明を試みるにあたつて、孤立の生産者ロビンソン・クルーソーを導き入れたといふことは、——そのロビンソン物語がいかに典型的なものであるかは後段に述べるとほりである——洵《まこと》に奇妙至極のことと言はなければならぬ。我等はマルクスの二つの文献における、思想上のかくも根本的な矛盾を解くのに、いかなる方法を執るべきか。しばらくこれをもつてマルクスの理論的思索における発展過程の前後と解するのもよい。さうすれば彼の最初の見解は誤つてゐるか、すくなくとも未熟だつたのであるといふに帰するであらう。またこれをもつて理論的矛盾にあらずと解するのもよい。さうすればマルクスの全体系はその本来の性質上一箇のロビンソン経済の理論を根柢に潜めてゐるものであるといふ解釈に帰するの外はない。本篇はこの解釈を執る。この解釈はブハーリンをはじめすべてのマルクス主義者の見解に正面から衝突する。だがマルクス主義者の見解と衝突するのは実は本篇の解釈そのものではなくして、マルクス自身の理論そのものなのである。

以下その事情を明かにするであらう。

註　マルクス主義経済学の立場からなされた墺太利学派への唯一の体系的批評であると称せられる『金利生活者の経済学』の中で、ブハーリンは孤立的個人の経済理論を手痛く攻撃しながら、しかも『資本論』の中のロビンソンについては何も知らぬやうに見える。これは最も奇妙なことの一つである。だが個人主義的経済学の中のあらゆるロビンソンを批判する真の方法は唯《ただ》一つしかない。マルクスのロビンソンをもつてそれらのロビンソンと対照せしめることである。この事は今日に至るまで発見されなかつた。

2

マルクス『資本論』の全建築の基礎にうづめられた一箇《こ》の奇体な柱、——これまですべての学者の眼に触れながら曾《かつ》て一度も特別の注意をもつて吟味されたことのなかつた典型的なロビンソン物語は、そもそもいかなる目的をもつてそこにすゑおかれたものであらうか。マルクスは、スミスやリカードのなかに出てくる猟師や漁夫をもつて十八世紀における bürgerliche Gesellschaft を予定したところの幻想であり、ロビンソン物語であるといつてゐるが、しかし古典学派の建設者たちが理論的に考へようとしたこれらの原始的な人物は、真のロビンソンではなくして互《たがい》に対手を有する交換者である。しかるにマルクスのロビンソンに至つては、まさに漂流記のクルーソーそのものであり、彼は難破船から『時計と台帳とインキとペンとを救ひ出してゐたので直ちに立派なイギリス人らしく自分自身のことについて簿記をつけはじめる。彼れの備品控帳には、彼れが所有する使用対象物や、それらの生産に必要なる種々の仕事や、最後にこれらの種々なる生産物の一定分量の生産のため彼が平均に必要とする労働時間やの、明細書きが記入されてゐる。』――マルクスはみづからかくも念の入つたロビンソン物語を彼の全体系の根柢におかなければならなかつたについて、いささか照れ気味に、リカードを引き合ひに出してゐる。すなはち註にいはく、『リカアドもまた彼れのロビンソン物語を有しない訳ではなかつた。彼れは原始時代の漁夫および猟夫をして、直ちに商品所有者として、魚および猟物をそれらの交換価値に対象化された労働時間の比で交換せしめてゐる。この際彼れは、原始時代の漁夫および猟夫をして、彼等の労働具の価値を計算するに当つて、一八一七年ロンドン取引所において通用する年利表を斟酌《しんしやく》せしめるといふ時代錯誤に陥つてゐる。』と。

　しからばマルクスのロビンソンとスミス・リカードのロビンソンとのあひだには、いかなる本質的な相異が存在するのであらうか。経済学がロビンソン物語を好むことは昔も今も渝《かわ》ることなく、墺太利《オーストリア》学派の新しい価値論者もまた彼等独自の立場から新漂流記を考案しなければならなかつた。そこではボェム・バウェルクにしたがふと、主人と犬とが食べる二つの麺麭《パン》の両個の価値が問題である。マルクス自身この新漂流記については何も知らない。我等の問題は新旧すべての経済学説のなかに含まれてゐる幾多のロビンソン物語と、わがマルクスにおけるロビンソン物語との根本的な相異如何《いかん》といふ点に帰する。そこに根本的な相異がなくてはならぬとの見解は、みづからロビンソン経済を説くところのマルクスが、他方において経済学上のロビンソンを排撃しつつあるといふ事実から必然的に生ぜざるをえないものである。しかもマルクス自身はこの問題にたいして何等の説明をもあたへてはゐない。いな、彼は明かに読者を韜晦《とうかい》しようとしてゐるもののやうに見える。

何のためにマルクスは『資本論』の根柢へロビンソンの経済理論――しかり、それは理論である――を導き入れる必要に迫られたのであらうか。これに答へんがために彼のロビンソン経済学そのものの本体を解明することが必要である。だがマルクスは表面上きはめて軽易に、諧謔的にさへ、その物語をはじめてゐる。――『経済学はロビンソン物語を好むから、先《ま》づロビンソンの島の生活を見よう。』と、これがマルクスの書き出してある。『経済学はロビンソン物語を好むから』とは何と気の利いた修辞法であらう！　だが、これこそ単なる修辞である。

おもふにマルクス経済学の方法論的基礎を特徴づけるものはブハーリンのいはゆる客観主義、歴史的観点並びに生産の観点であるといふに謬《あやま》りはないが、さらにその中に全体主義的観点なるものを附加することができる。この第四のものは一見して社会的観点と言ひ更《あらた》めうるもののやうに見えるが、全体的なる概念は必ずしも社会的なる概念と同意義ではない。殊《こと》に経済理論においては、全体的なものは必ずしも個人的なものと矛盾するとはかぎらない。――いな、全体的なものの最もエレメンタルな形態こそ、孤立的なロビンソンの生活秩序である。そのなかにはすでに配分総量としてのロビンソンの総労働が考へられてゐる。したがつて社会経済を一箇の全体として理解せんと欲するならば、まづ全体とはそもそもいかなるものであるかを理解しなければならず、そしてこれにたいする最も簡明な答は実にロビンソン物語のなかに発見されるのである。経済現象の全体性そのものに関する理論は、その最も基本的な形態において、孤立人の生産秩序の中から導き出すことが必ず可能でなければならず、マルクスのロビンソンこそは、その可能を立証するものなのである。

『商品生産の基礎上において労働生産物を包むところの、商品世界のすべての神秘、すべての魔法妖術は、……吾々が他の生産諸形態に逃避するや否や、直ちに消滅する』とマルクスはいふ。そしてその神秘と妖術とが消滅する世界こそロビンソンの孤島である。その孤島にはロビンソンがをり、そしてそこには彼の狐立的な自給自足の一生産形態がある。『彼れは生れながらにして淡白寡欲な男ではあるが、』と物語作者らしくマルクスはいふ、『それでも様々な種類の欲望を満足せしめねばならぬ、そしてそのためには道具を作つたり、家具を製造したり、駱馬《らくば》を馴らしたり、魚具を採つたり、狩猟をしたりして、様々なる種類の有用労働をなさねばならぬ。祈禱その他これに類似なものは茲《ここ》で問題とならぬ、なぜといふに、わがロビンソンはそれに怡楽《いらく》を見出し、かかる活動を気晴しとしてゐるのだから。』と。

さてこれからロビンソンの経済理論であるが、それはわづかに数行である。筆者は特に読者の注意を乞はなければならぬ。――『さて彼れは、彼れの生産的機能の種々雑多であるに拘《かかわ》らず、それらが同一なるロビンソンの異なれる活動形態に外ならず、従つて人間労働の異れる仕方に外ならぬことを、よく知つてゐる。必要そのものが彼れを強制して、彼れの時間を彼れの異なれる諸機能の間に正確に配分せしめる。彼れの総活動の中でどの機能がより多くの範囲を占め、どの機能がより僅《わず》かの範囲を占めるかは、目的とする効果 Nutzefekt を得るために克服すべき困難の大小によつて定まる。経験が彼にそれを教へる。』そしてマルクスは若干の余談をこれに附加したあとで、すでに『これらの諸関係のうちには、価値のあらゆる本質的な規定が含まれてゐる。』と結んでゐるのである。

マルクスがこの物語を設けたのは、読者の無聊《ぶりよう》をなぐさめようなどといふ思ひ付きからでは決してなく、『商品世界のすべての神秘、すべての魔法妖術』を観破するための高見台を供せんとの目的からである。この目的はいかにも重大である。だが、読者は一体この台のうへに立つて何を観破することができるのであらうか。――マルクスは極めて簡単に、ロビンソンの総労働の生産諸部門への配分と説明し、そして『これらの諸関係のうちには、価値のあらゆる本質的な規定が含まれてゐる』と唯《ただ》一言いひ副《そ》へたにすぎない。これこそは商品世界の神秘以上の謎でなくて何であらう。実はマルクスはこの諧謔交りの短い記述のなかで、すでに経済的秩序の全体性を示したのであるけれども、彼はみづからそのことについて何等の説明をも加へず、すべての読者が看逃《みの》してしまふやうな韜晦的な素迅《すばや》さで一息にそれを言ひ終つてしまつたのみである。読者は何事も理解しないうちに次ぎの話題に注意を転じなければならぬ。

なぜマルクスはかくのごとき不親切なことを敢《あえ》てしたか。しばらく臆測をゆるすならば、彼はその執るところの方法論的立場として、かかる一見幻想的なものを『資本論』の基礎の中に堂々と割り込ませたくなかつた。ただ彼が把持してゐる理論そのものの強度の伸展性が必至的に彼を追迫して、窮竟《きゆうきよう》的な孤立経済の理論にまで立ち還ることを余儀なくせしめたのである。また彼はこの幻想の中で指示されてゐるところの一つの法則の性質について一層深く考察することの必要を感知しなかつた。しかもなほ彼の物語は、一般読者への効果はともあれ、最も単純な統一的な一箇の生産形態の総秩序のなかから厳密にも一つの法則を導き出し、その法則と『価値のあらゆる本質的な規定』との不離の関係を示唆することにおいて何等の破綻をも示してはゐないのである。よつて問題はその一つの法則が何であるかにかかる。

註　『資本論』初版では、ロビンソン物語の書き出しが、簡単に『吾々はロビンソンの島の生活を例にとらう。』となつてゐる。『経済学はロビンソン物語を好むから』などといふ言葉は、全くあとから附け足した諧謔にすぎないことは、この一事からでも判《わか》る。これがマルクスの修辞法の秘密である！　大原社会問題研究所編『資本論初版首章及附録』一三八頁参照。

3

『資本論』におけるロビンソン物語の目的は、一の法則の存在の指摘並びにそれと価値法則との関係についての、最も基本的な示唆にある。しかしマルクスにおける価値の概念を想ふ者は、ロビンソンの生産の中に価値法則が存在するといふ考に驚愕せざるをえないであらう。マルクスは固《もと》よりロビンソンのなかに価値法則が発見されると言ふのではなく、彼が主張するのは、『価値のあらゆる本質的な規定』を含むところの『諸関係』がすでにロビンソンの生産関係の内部に存在するといふことである。交換関係なくして価値法則は成立すべくもない。しかも交換関係を規定するところの配分法則は依然として交換関係なき孤立経済のなかに発見される。マルクスがロビンソンの経済を説いて読者に示さうとした一つの法則こそはすなはちこの配分法則なのである。

『必要そのものが彼れを強制して、彼の時間を彼の異なれる諸機能の間に正確に配分せしめる。』とマルクスはいふ。この一呼吸に読みあげうる言葉こそは、彼のロビンソン物語をして他のすべての経済学者の類似の物語から截然《せつぜん》区別せしめるところの重大な指標である。なぜならこの配分法則は一の全体としての経済秩序に合理性と統一性とを附与するものであり、そしてこの法則が把握されてゐることによつてマルクスが執つてゐるところの諸観点が事実上確立することをえたからである。すなはち彼の客観的、歴史的、生産的観点は、配分法則の把握による全体性の観点を基本とすることによつて展開することを得たのである。この全体性の内容を成すものは総労働である。

『資本論』の根柢にすゑおかれたロビンソン物語の目的が一応判明したならば、この物語がいかにマルクスの理論的体系の根柢にあつて不可欠の基礎をなしてゐるものであるかを論証することが必要である。おもふにマルクスにおける価値法則の意味は、その内面的基礎を形成するところの配分法則の理解を前提することなくして解すべからざるものである。『資本論』の全建築は価値法則をもつてその地盤とするとはいへ、価値法則は配分法則の現象形態として解されざるかぎり、商品世界の『神秘』と『魔法妖術』とは読者の面前から永久に消え去ることはないであらう。そこで我等はロビンソン物語のなかに右のごとくただ一筋稲妻のごとく現れて消えた配分の理論が、その物語につづく他の物語、すなはちそれこそはマルクスの幻想として恥かしからぬ共産社会の夢物語において、いかに展開されたかを見、併せてこの配分法則の性質をマルクスの他の文献をもかへりみながら考察する必要を感ずる。

マルクスにおける配分法則は、一箇《こ》の平均法則として考へられてゐる。この法則はマルクスによつて少しも力調されてゐない。なぜであるか。――なぜならこの法則を表面に押し出すことはマルクス経済学の目的と矛盾するからである。マルクス経済学の目的は、『現象の変動のその発展のすなはち一の形態から他の形態への聯絡《れんらく》の、一の秩序から他の秩序への推移の法則』の発見にあり、その窮極目的は『近代社会の経済的運動法則』の

『曝露』にある。その性質において非歴史的な静態的な平均法則をそれ自体のために研究することとは、たとひそれが社会的生産諸形態をそれぞれ貫徹して作用するところの法則であるにもせよ、マルクスの研究の目的外に排除されるのは当然である。しかもなほマルクスはこの法則を彼の全体系の根柢から駆逐することをえない。なぜであるか。――なぜならそれはあらゆる歴史的生産形態の内部に一応の安定的平均性および全体性を附与するものであり、したがつてこれを排除して経済学の脊柱《せきちゅう》を他に求めることは不可能だからである。

　マルクスの体系を支持する隠然たる一箇の柱、すなはち右にいふ配分法則は、マルクス経済学の全体を特徴づけてゐる他の諸要素のかげに掩《おお》はれて看過され易《やす》く、時としてはその存在すら否定され易い。その危険を助成するものの一つとして我等はまづ『資本論』第一巻第二版マルクスの跋文《ばつぶん》中の或《あ》る引用文の一節を挙げることができる。――『しかしながら人或《あるい》は云《い》ふであらう、経済生活の一般的法則は一個同一のものであり、吾々はそれを現在に適用しようと過去に適用しようとどちらでも可《よ》い筈だ、と。ところが、これこそ正にマルクスの否定するところである。彼れに従へば、かかる抽象的な法則は存在しない。……彼れの意見に従へば、これと反対に、各々の歴史的時代はそれ特有な法則を有してをる。……人類の生活なるものは、一定の発展時代を生き尽すや否や、ある一定の段階から他の段階へ移りゆくや否や、それはまた他の法則によつて支配されはじめる。一言にして云へば、経済生活は生物学といふ他の領域における発展史と類似な現象を呈するのである。

……古き経済学者たちが経済法則を物理学や化学の法則と比較したのは、経済法則の性質を誤解したのである。』

これらの言葉は一応マルクスによつて『彼れがマルクスの真の方法と呼ぶところのものをかくも見事に叙述し』とまで肯定的にうけいれられたものの一部分である。しかもこの中には究竟《きゆうきよう》的に一つの誤解のあることを認めざるをえない。なぜならこれらの言葉は、マルクスの中に『古き経済学者たち』が『物理学や化学の法則と比較した』ところの『経済法則』と同一のものが存在することを簡単に否定したものであり、その否定は次ぎに述べる理由によつてゆるしがたいものだからである。マルクスにおけるいはゆる『経済法則』が歴史的法則であり、生物学的な法則であるといふことは正しい。だがそれはマルクスにおいて別に物理学的な平均法則の存在することを否定するものであつてはならない。この一点を最も明白に立証するものとして何を択《えら》ぶべきか。はじめレーニンによつて注意され、近時日本のマルクス学の最大の教師によつて再三引用され、紹述されつつあるところの一八六八年七月十日附クーゲルマン博士宛のマルクスの一書簡こそ、これに如《し》くものはないと思ふ。

『また種々なる欲望に適応する諸々の生産物の数量は、社会の総労働の種々なる且つ量的に規定されたる数量を必要とすることも、誰でもが知つてゐる。社会的労働を一定の割合に配分することの斯《か》かる必然性は、決して社会的生産の一定の形態によつて廃除されるものでなく、むしろただその現象の仕方を変ずるのみだといふことも、分りきつたことだ。自然法則は総じて廃除されえざるものである。歴史的に異なつた状態のもとで変じうるのは、かの法則が自らを貫徹するところの形態のみである。そして社会的労働の聯絡が個人的な労働生産物の私的交換として行はれてゐるやうな社会状態のもとで、労働のかかる比例的配分が自らを貫徹するその形態は、正にこれら生産物の交換価値である。……ブルジョア社会の本質は、生産の意識的な社会的な統制が先天的には決して行はれないといふことのうちに、正に成り立つ。合理的なもの及び自然必要的なものは、〔かかる社会においては〕盲目的に作用する平均としてのみ自らを貫徹する。（圏点はすべて大熊）』註

右の引用は、問題のマルクスの書簡の一部分であり、継ぎ合はされた断片にすぎない。この書簡については、レーニンが『マルクスに沈潜し「資本論」を読みはじめんとする何人もが、「資本論」の最初の且つ最も困難な章の研究と同時に……何遍でも繰り返し読まんことは、まことに望ましきことである』と読者に勧めてゐるものの由であり、その理由並びにそれがしたがつて日本のマルクス学者がこれを重要視する理由は、ここで本篇の筆者がこれを重要視する理由とは、いささか角度を異にするものである。そしてもしも本篇の目的が方向を逸してをらず、またその目的のために右の書簡の一節を利用することに正しい理由が存するならば、一つの書簡がかくも種々なる目的のために決定的な示唆をあた

へえてゐるといふことは、実に興味あることといはざるをえない。しからば本篇の目的のために抄出された右の断片は何を告げてゐるか。

マルクスはここで明かに一つの『自然法則』の存在について、又その意味と性質とについて、述べてゐる。マルクスにしたがへば、この『自然法則』は、『決して社会的生産の一定の形態によつて廃除されるものでなく』その形態の異なるにしたがつて、『ただその現象の仕方を変ずるのみ』である。つまりこの法則は、いかなる社会的生産からも廃除すべからざる『自然法則』であり、『歴史的に異なつた状態のもとで変じうるのは、かの法則が自らを貫徹するところの形態のみである。』これをたとへば『社会的労働の聯絡が個人的な労働生産物の私的交換として行はれてゐるやうな社会状態』すなはち『ブルヂョア社会』のもとにおいては、この法則は『盲目的に作用する平均としてのみ自らを貫徹する。』――しからばマルクスにおいて、歴史的な法則以外に、非歴史的な法則の存在が認められてゐるといふことは実に明白であり、そしてこの法則が、自然経済、交換経済乃至《ないし》計劃《けいかく》経済（共産経済）等あらゆる形態において、必ず自らを貫徹するといふことも疑ふべき余地がない。

次にマルクスにおける非歴史的な『自然法則』の意味は何であるか。それは社会的労働の正常配分比に関するものである。したがつてそれは人間の意欲からはなれた純然たる機械的な法則ではなくして、むしろ『合理的なもの及び自然必要的なもの』Das Vernünftige und Naturnotwendige として、その本来の合目的性が認められてゐる。しかるに社会的労働を一定の比例において配分するといふ合理的法則は、社会的生産の或る形態そのものからは決して説明しうるものではない。なぜならばその法則は社会的生産の諸形態を通して必ず発見されるにもせよ、法則それ自体は社会的生産形態以外のものに根柢をおくからである。さればこそ、それは社会的生産のあらゆる形態によつて廃除されることをえず、却《かえつ》て反対に、社会的生産のあらゆる形態を、それぞれ一貫することによつて、その諸形態に一々統一性をあたへることができるのである。かかる法則こそ、すべての歴史的時代を通じて人類生活行動の根元をなす欲望のなかに、その一方的基礎をおくものであり、人間の肉体的組織乃至生理的性質が根本から変化せぬかぎり、この基礎は恒久的であらう。

そこで社会的労働の配分比を規定するところの平均法則は社会的欲望の充足過程における自然的にして且つ合理的な一傾向にもとづくものであり、『種々なる欲望に適応する諸々の生産物の数量は、社会の総労働の種々なる且つ量的に規定されたる数量を必要とする』といふことは、一つの社会的生産形態に適応するのではなくして、すべての形態に適応するのである。マルクスが右にいふ『自然法則は総じて廃除されえざるものである』とは、この意味でなければならぬ。かくしてマルクスにおける非歴史的な『自然法則』の意味は明白となつた。それは『社会的労働を一定の割合に配分する』といふ一つの合目的性をもつた平均作用であり、一言でいへば配分法則である。

註　クーゲルマン宛マルクスの手紙は、河上肇著『資本論入門』第四分冊の方から引用した。

これを経済学批判会編『唯物弁証法』から引用しなかつたのは、単にその中でVerteilungがいづれも配分ではなく分配と訳出されてゐたのによる。この場合にVerteilungを分配と訳出することはいかにも不用意である。なほ河上博士訳文中の傍点を全部取去り、筆者の傍点を新たに附したのは、本篇に引用した目的上やむをえなかつた。切に博士並びに読者の寛恕《かんじょ》を乞ふ。

4

マルクスにおいて、彼の経済学を根本的に特徴づけてゐる歴史的な発展法則乃至《ないし》『各々の歴史的時代はそれ特有な法則を有してをる』といふ意味の歴史的法則以外に、人類生活のあるところ必ず廃除すべからざる他のもう一つの『自然法則』の存在が考へられてゐるといふこと、そしてそれは配分法則または配分原理と名付くべきものであることは明かとなつた。この法則はその本来の性質において非発展的、非歴史的であり、一つの社会的生産形態の理論的理解に一応安定性と全体性とを賦与するところの静学的な法則である。次ぎにマルクスのこの『自然法則』は、社会的生産形態を貫徹する法則である。しかもあらゆる歴史的形態をそれぞれ貫徹する法則であるから、逆にあらゆる歴史的生産形態は、この法則の現象形態として考へられなければならぬ。一つの生産形態と他の生産形態との対照的な理解を必要とする場合に、欠くべからざる最初の把握は、その両者に通ずる『合理的なもの及び自然必要的なもの』としての『労働の比例的配分』の均衡である。つまり社会的欲望に対応する労働配分の合目的性が、いかなる方法と過程とによつて遂げられつつあるかといふ視点こそ、右にいふ生産諸形態の対照的理解への鍵である。たとへば、『社会的労働の聯絡《れんらく》が個人的な労働生産物の私的交換として行はれてゐるやうな社会状態のもとで、労働のかかる比例的配分が自らを貫徹するその形態は、正にこれら生産物の交換価値である。……ブルヂョア社会の本質は、生産の意識的な社会的な統制が先天的には決して行はれないといふことのうちに正に成立つ。』といふがごとくである。

また次ぎには、右の場合と対照すべく、統制的な計劃《けいかく》経済における配分原理の、意識的な具現の仕方について考察することが必要である。そこでマルクスの幻想に移る。――

『……吾々は、眼先きを変へるために、共有の生産手段をもつて労働するところの・そしてその多くの個人的労働力を意識的に一の社会的労働力として支出するところの・自由人の団体を想像して見よう。ここではロビンソンの労働のあらゆる規定が繰返されるが、しかしそれは個人的にでなく、ただ社会的にである。ロビンソンのすべての生産物は彼れの全然個人的な生産物であり、そしてそれゆゑに、彼れにとつては直接に使用対象であつた。今問題とする団体の総生産物は一の社会的生産物である。かかる生産物の一部分は再び生産手段として役立つ。それは社会的なるものに止まる。しかし他の部分は団体員の生活資料として消費せられる。だからこの部分は彼等の間に配分されねばならぬ。かかる配分の様式は、社会的生産組織そのものの特殊的な様式と、それに適応する生産者の歴史的発展程度との、変動につれて変動する。吾々はただ商品生産と対比せしむるために、各生産者に対する生活資料の割当ては、彼れの労働時間によつて規定されるものと仮定しよう。さうすると労働時間は二重の役割を演ずることとなる。労働時間の社会的に計劃的な配分は、種々なる労働機能と種々なる欲望との間に正しき比例を保たしめる。他方において労働時間は、総労働に対する生産者の個人的参与の尺度として、そしてそれゆゑに共同生産物中の個人的に消費せらるる部分に対する生産者の個人的分け前の尺度として、同時に役立つ。人間の・彼等の労働に対する・および彼等の労働生産物に対する・社会関係は、ここでもまた依然として生産においても配分においても、すき透るやうな単純である。』（圏点は大熊）

この『自由人の団体』とさきのロビンソンとの間における生産秩序の根本的な類同はいづれにあるか。――いはく生産諸部門にたいする総労働時間の意識的、統一的な配分といふ一点に存する。ここに河上博士訳の右の一節には幾つも同じ『配分』といふ訳語が見えてゐるが、その中で圏点を附した一つのみが、ここにいふ配分であり、残りのすべては旧経済学の四分法にいはゆる分配を意味する。マルクス自身は多少とも両者の区別を読者のために明かにしておかうとの意図を有したものであらう、右一節の最後の『生産においても配分においても』といふ箇処にあたる部分の『配分』は特に英語を用ゐてDistribution

と書いてゐる。しかるに何のゆゑぞ、河上博士はこれを『分配』と訳出せずして『配分』と訳されてゐる。註　おもふにこれはマルクスの真意を過《あやま》るものである。なぜであるか。――なぜなら右の一節の主たる眼目は、労働時間の『二重の役割』を説明するにあり、そしてその役割とは配分並びに分配の両尺度たることを意味するものであるがゆゑに、マルクスが、in der Produktion sowohl als in der Distribution といつたときの Produktion こそ配分関係を意味し、Distribution は分配関係を意味するものであること明白なるがゆゑである。この配分関係は、マルクスがさきに『経済学批判序説』のなかで、『生産過程それ自体の内部に含まれ生産の編制を規定するところのもの』すなはち『種々なる種類の生産への社会成員の配分〔河上博士訳では分配〕』と称したものに該当する。

しからばここに配分と分配との相関並びにその観念の相異はいかに説明さるべきであるか。――まづ『自由人の団体』とさきのロビンソンとの間における経済秩序の根本的な相異は、前者には分配問題が存在するが、後者には存在しないといふ一点にある。すなはち双方に通ずるものは配分問題であり、そして前者のみひとり分配問題をも併有するのである。配分関係が理論上分配関係から遊離せしめ得らるべきものであるといふことは、この一点からも直ちに感知し得るところであるが、この二つを遊離せしめるといふこと、すなはちこの二つを支配する法則はそれぞれ独立のものであるといふことを認識することは、我等の科学にとつて最も重要な課題の一つである。以下我等はマルクスに即してこの点を明かにするであらう。

おもふに統制的な計劃経済においては、『労働の比例的配分』は、社会的欲望を代表する意識的な中枢機関によつて規定され、その過程は河上博士の言葉を用ゐれば『迂余曲折を経る代りに、直接的で直線的である。』マルクスの言葉を用ゐれば『すき透るやうに単純である。』しかもなほそのことは、かかる社会的生産形態が、恒久的な人間の欲望を基礎とするところの合理的均衡法則を廃除しうることを意味するのではなくして、正にその逆である。『ブルジョア社会』において『盲目的に作用する平均としてのみ自らを貫徹する』ところの『自然法則』は、この仮想の『自由人の団体』すなはち一つの共産社会においては、意識され、計劃され、そして実現さるべき一箇《こ》の規範的原理として社会全成員のあひだに把持されなければならぬ。それは疑もなく労働配分の原理である。

すなはちマルクスにおいて、彼の発展法則のうしろに押しやられてゐるところの、非歴史的な、仮面的な、必然法則は、彼の発展法則が交換経済の後に展開するところの計劃経済に至つて、はじめて神秘的な仮面をぬぎ去り、その完全な、美しい、合目的性の全裸形をあらはす。ここにおいては労働配分の原理はすでに経済的当為の最高規範であり、いかなる物をいかなる分量において、またすべての物をいかなる数量的比例において、社会的に生産すべきかといふ問題こそ、経済的実践の至高の課題であり、至高の困難であり、至高の興味である。

だがマルクスはこの関係を『すき透るやうに単純である』といつた。『すき透るやうに単純』なのは、この関係の理論的な概念であつて、この関係の現実的実践ではありえない。

総じて一般経済学者は現秩序を擁護するにあたつて『消費者の自由』を説くときに最も雄弁であるが、『消費者は最後の瞬間に到るまで猶《なお》もこの自由を確保せんことを要求する』（カッセル）といふときに、その雄弁は頂点に達する。この意味は畢竟《ひつきよう》するに個人的な消費配分（購買力の配分）を計劃的に行ふことを否定し、利那的に行ふことによつてのみ、極大満足を挙げうることを主張する意味であり、社会的な生産配分（労働力の配分）が、個人的な消費配分の予算的決定にもとづいて、その合和として形成される右のごとき計劃的方法に、反対するものである。『最後の瞬間』の強調はすこぶる示唆的ではあるが、理論としては極めて末梢的なものであり、『瞬間』的なものである。そしてその反面に、生産における個人的危険と社会的損失とを隠蔽してゐる事実は指摘するまでもないであらう。

マルクスは右の一節のなかで、労働時間が『二重の役割』を演ずるといふ関係を、非常に明快に、無上の簡潔さをもつて、説明してゐるが、その説明は同時に次ぎの諸問題にたいし、十分な示唆をあたへてゐる。その諸問題とは、――第一、いかにして個人的な欲望は社会的な欲望にまで構成されるか。第二、社会的欲望はいかにして社会の総労働を配分するか。第三、社会的労働はいかにして構成され、その総量はいかにして決定されるか。――これらの問題は内面的には相関性を有し、部分を単独に切りはなして理解することのできない或《あ》る全体、すなはち一定の生産関係の各部面である。

だが、相関性の意識的な理論的取扱ひをマルクスの右の一節に求めがたいことは断るまでもない。我等の目的は、できるかぎり明確に、配分の観念を、彼の半意識的、半睡的な理論の中からいきいきと導き出すにある。他方分配の観念については我等は特に改めて学ぶべきもののあることを感じない。両者の根本的な相異は、ただ前者の観念が確立されることによつておのづと明かになるであらう。マルクスによつて想定された『自由人の団体』においては、各人の『個人的労働力』は、『共有の生産手段』をもつてする社会的生産のために、『意識的に一の社会的労働力として支出』される。そこでその結果としての『総生産物』が一経済期間に獲得される。この『総生産物』はいかに処理されるかといふに、『一部分は再び生産手段として役立つ。』厳密にいへば、生産手段として何程のものが総生産物のうちから取り残されるかといふ問題は、生産過程に入るまへに決定してゐた筈であり、それはこの『自由人』の社会の総労働時間の何割かを占めなければならぬことが、（その生産手段の種類と各数量との決定とともに）決定してゐたことを意味するのである。次ぎに『総生産物』から次期以後の生産手段として差引かれた残余の生産物は、『団体員の生活資料として消費せられる。』この部分も厳密にいへばさきの生産手段の場合と均しく、やはり生産過程に入るまへに決定してゐた筈であり、それはこの『自由人』の社会の総労働時間の何割かを占めなければならぬことが、（その生活資料の種類と各数量との決定とともに）決定してゐたことを意味するのである。この社会の総労働時間が、生産手段と生活資料との二種に大別される生産部門にいかなる比例において配分さるべきか、といふ問題を決定するものは、一応社会自身或《あるい》は社会的生産の意識的統制者であるといつてよろしい。

ところで、生産手段として役立つものは、各個人の私有に帰することなく、いつまでも『社会的なるものに止まる。』しかるに生活資料として消費されるものは、悉《ことごと》く各個人の私有に帰する。この社会的生産物（すべての種類の生活資料）が、各個人の手に帰する過程を支配する原理が、分配の原理であるといつてよろしい。まづここに社会的な生活資料の総量があり、次ぎにこれを生産に参与した全員にたいして分配するのであり、分配を受けるものはすべて生産参与者であり、それは必ず人間である。――ここに分配の観念はその対象としていつも人間（生産参与者）が考へられてゐるといふことを注意しよう。

しからばこの『自由人』の社会における分配の原理如何《いかん》。――一言でいへばそれは各人をして生産に参与した労働時間に比例して生産物の分配を受けしめるといふにある。ここに参与時間だけと言はずに比例してと註するのは、すでに生産手段として社会的にとどまるべきもののあることを思ふためである。かくて労働時間は生産物分配の尺度であり、即《すな》はちそれは『二重の役割』のなかの一つとなるのである。

註　本篇におけるマルクス『資本論』からの引用は、すべて河上肇宮川実訳の岩波文庫による。しかし『自由人の団体』に関する論述のうち、配分と分配との区別を無視された訳出にたいしては異議なきをえない。高畠素之氏がその旧訳以来この区別に注意し、配分を配分、分配を分配と、二様に訳出されたことを思へば、河上博士の新訳はこの点において明かに退歩である。なほ、この『自由人の団体』に関する河上博士の最も詳細な解説は、同博士著『資本論入門』第七分冊の中にある。だが、我等の試みんとするやうな分析はそこに影だもない。配分と分配とが用語上全然混同されつつ、説明上何等の不審をも不便をも感じられずにゐるやうなところに、科学的な分析の起り得る筈があるだらうか。あり得ない。

5

マルクスによつて想定された『自由人の団体』においては、その社会的生産の結果における『総生産物』は、社会の総欲望に対応する一切の生活資料を包括し、その生活資料の種類と数量上の比例とはすでに『総労働』が許多《あまた》の生産部門に、一定の比例において配分された結果を、直接に示すものに外ならない。いま生産手段のために割かれた部分をしばらく問題の外におき、生活資料の生産にむけられた労働総量が、いかにして幾多の生産部門に配分され、その結果として『種々なる欲望に適応する諸々の生産物の数量』を齎《もたら》しえたかを問題とする。その各数量を規定するがために先行してゐるものは、『労働の比例的配分』である。

この社会的生産は統制的な計劃《けいかく》経済であり、マルクスのいはゆる『すき透るやうに単純』な関係にあるものであるから、総労働の生産総部門への配分は、直接的、直線的に、社会の総欲望によつて指導されなければならぬであらう。しかるに欲望は無辺際であり、労働力は限定された分量であるとすれば、限りある労働力をもつて相対的に最も満足なる結果を購ひうるやうな比例において、これを各部門に配分し、それぞれの部門にたいする欲望を、一々或《あ》る限度において、切り棄てることが必要でなければならぬであらう。もしかくのごとくにして配分された社会の総労働が、その『比例的配分』において正常均衡をえたとするならば、その配分均衡こそは、労働配分の合目的性を完全に具現しえたものといはなければならぬであらう。すなはちその反面には、右の正常配分比を失ふならば、社会の総労働時間は同一なるにかかはらず、その齎しうるところの経済的厚生の内容たる欲望充足総量――明かに主観的なもの――は減少するとの意味をふくむのである。マルクスにおいては、欲望の切り棄てに関する推理に到達するまへに彼の分析は挫折してしまふが、彼のいはゆる『労働の比例的配分』とは正しくこの意味であり、この意味以外のものではありえない。

さてしかるに、右にいふ社会的労働の配分を直接に行ふ社会的欲望なるものは、その実、社会を構成する各個人の欲望の総和に外ならぬ以上、各個人の欲望こそ或る方法を通して社会的労働を配分しつつあるのであり、その方法とはすなはち彼の消費者としての『自由』でなければならぬであらう。ただこの自由は彼が生産に参与した労働時間に比例して分配されるところの自由であり、その分配分は明かに社会的総労働の或る部分または範囲に対応するものであるがゆゑに、彼等はおのおのその限度に応ずるだけの社会的総労働の一部を、種々なる部門に配分すべく指命することができるであらう。言をかへていへば、各個人は生産参与者としての反面に、消費者としての自由をもつであらう。その自由は彼が生産参与者として獲得した自由であり、そしてそれは彼の受けとつた分配分の範囲における自由である。いまこの「分配分の範囲における自由」の意味を考へるに、――第一に分配分の意味である。この分配分は社会的生産における総労働に対応する社会的総所得中の小部分であつて、その尺度は労働時間である。すなはち彼は社会的総労働時間の一小部分を獲得したのであり、彼の自由とはこの小部分の社会的労働時間を、彼の欲望の赴くままの諸生産に配分するの自由なのである。彼にとつての分配分たる社会的労働時間の小部分は、彼にたいしてあたへられたる総量であり、彼はこの総量を『種々なる欲望に適応する』やうに正しき比例において許多の部門に配分しなければならぬであらう。ロビンソンの時間配分におけると何等異るところはない。ここに想定されてゐる社会においては、彼は恐らく次ぎの経済期間における彼自身の分配分の予想の上に立ち、その予算的な消費配分表を、総生産統制の中枢機関に提出することが必要であらう。社会成員のすべては、かくのごとくにしておのおのその消費配分予算表を右の機関に提出し、この配分表の総計はすなはち次期の社会的生産における総労働配分表を形成するに至るであらう。すなはち総労働時間の社会的配分は、各個人の消費配分の総和として形成され、生産配分は消費配分から直線的に『すき透るやうに単純』に指導されるであらう。かくて労働時間はここでもまた配分に欠くべからざる尺度となる。『すなはち労働時間は二重の役割を演ずることとなる』のであり、『労働時間の社会的に計劃的な配分は、種々なる労働機能と種々なる欲望との間に正しき比例を保たしめる』のである。他のもう一つはすでに述べた分配における任務であつて、『労働時間は、総労働に対する生産者の個人的参与の尺度として、そしてそれゆゑに共同生産物中の個人的に消費せらるる部分に対する生産者の個人的分け前の尺度として、同時に役立つ』。そこでマルクスはいふ、かかる社会においては『人間の・彼等の労働に対する・および彼等の労働生産物に対する・社会関係は、生産においても分配においても、すき透るやうに単純である。』と。ここに『生産』とは生産配分の意味であると解すべき所以《ゆえん》は以上によつて愈ゝ《いよいよ》明かではあるまいか。――不幸にして原語 Verteilung はマルクスにおいて二つの意味を有し、これを訳出する場合にその意味にしたがひ、二様に訳出するのでなければ理解の完全を期しがたいのである。全く相異る二概念を表現する言葉が原語において同一であるといふことこそ、河上博士の場合のみならず、すべての不便と誤解との根源であらう。註

すでに述べるごとく、分配における分配物は、何等かの具象的な生活資料であり、その総量および部分量は社会的労働時間によつて量られるのである。これを受けるものは生産参与者たる人間である。しかるに配分における配分素材は、本原的に、現実的な、具象的な、人間労働であり、その配分を受けるものは、人間ではなしに直接には生産諸部門である。もちろん諸部門それ自体が人間労働の配分を受けてこれを消費するものではなく、これを特殊な社会的生産物と化したる後、消費者たる人間の手に帰せしめることを予想するものであるが、配分の観念はその到達点たる配分部門にとどまるべきで、さらにその先を考ふべきものではない。さらにその先を考へるといふことは実は配分の観念から転じて再

び分配問題にすべり込むことである。だがこの考察のなかで、配分と分配との相関的関係をもつともよく把握すべき所以は、後に述べるごとくである。

分配の到達点が必ず直接に人間であるに反し、配分の到達点は欲望諸部門（生産部門・消費部門）である。配分においては人間はつねに配分者の地位に立つ。小さき箇々《ここ》の配分者——彼は彼の自由に帰してゐる社会的労働時間を配分する——の集成が大なる配分者としての社会であり、社会は一方に分配を決定するとともに右の総配分を決定するであらう。ここで分配の理念が経済的正義にあることはいふまでもないが、配分の理念はいづれにあるのであらうか。——我等はこれに応へてそれは疑もなく経済的厚生にあると言はなければならぬ。蓋《けだ》し分配における完全なる正義の実現は、それ自体のなかにいささかも完全なる厚生の実現を意味しうるものではない。分配における理想状態は、同時に配分における最悪の状態たることを得る。マルクスが描いた『自由人の団体』の生産関係こそは、分配と配分との両者における理想状態なのである。

以上によつて配分と分配との理念並びに理論が、全く相異するものであることを説きつくしえたとする。同時に、——第一、いかにして個人的な欲望が社会的な欲望にまで構成されるかといふ問題の説明も終つてゐる。第二、社会的欲望はいかにして社会の総労働を配分するかといふ問題の説明も終つてゐる。たゞ最後の、社会的労働はいかにして構成され、その総量はいかにして決定するかといふ問題のみは、——殊《こと》に後半の問題は、まだ説明されてゐない。以下その分析に移る。

註　配分を言ひ表す洋語および日本語の種類並びに日本経済学の現状におけるその用語上の混乱については別に詳論した。ここには再びこれを繰返さない。本書『配分学説史考』の章第一節参照。

6

社会的総労働の観念は一定の経済配分期間を前提する。その配分期間はつねに回帰する経済的過程のひと幅の意味である。社会的総労働時間は、各人によつてその『個人的労働力』が『意識的に一の社会的労働力として支出』された総和である。その総量の決定は、人口を一定とする以上、各人の労働支出額の大小によつて決定することは算術的に明白である。しからば何が各人の労働支出額を決定するか。問題の窮極点はここである。

マルクスの分析は、彼の想定した『自由人の団体』において、右の問題がどう決定するかを説く以前に挫折してゐるが、各個人における労働支出額（時間）が一様でないことを予想してゐるのは明かである。いま『自由人』は社会的生産に参与するにあたつて、彼の参与時間量を全く自由に決定しうるものとすれば、（その想定のなかには社会的分配分の尺度が支出労働時間であることを含む）その決定の問題にたいし、完全な理論的説明をあたへうるものは、個人の全生活過程を支配するものとしての時間配分の原理であらう。この時間配分の説明は本篇の筆者が他の機会にすでに試みたものであり、そして配分体系中最も基本的な一次的なものとして確立せんことを欲するものであるが、その若干説明は後段にゆづる。註

そもそも社会的生産配分は、総労働時間の決定を前提する。配分はつねに配分総量の前提なくして説明するをえず、理解するをえない。しかるに配分総量たる社会的労働時間は、各個人の自由支出によつて決定し、さらに各個人の自由支出は、取得せんと欲する分配分の大小によつて決定するとすれば、詮《せん》ずるに配分総量としての社会的総労働なるものは、社会の各人が取得せんと欲する（すなはち分配に与《あずか》らんと欲する）分配分の総和でなければならぬであらう。しかるに各人が取得せんと欲する分配分はすでにその中に彼の完全なる消費配分を予想するものであるから、社会的総労働の決定は、その中にすでに社会的に完全なる消費配分を予想してゐるのである。ゆゑに社会的総労働の決定とその各部門への社会的配分量の決定とは同時相関的であるといふことが判明するであらう。説明の順序としては一応配分総量をあたへられたものと前提し、次ぎにその配分の説明に移るが、その完全な理解においては、総量の決定と正常配分比の決定とは同時でなければならないのである。かくして社会的配分の理解のなかに、社会的分配の理解を含み、個人的分配分の理解のなかに個人的配分の理解を含み、個人的配分の理解を通して再び最初の社会的配分の理解に回帰する。配分と分配との理論的関聯《かんれん》性は以上によつて判明したと思ふ。――だが我等はすでにマルクスの理論的分析の限界を飛び超えてゐる。

マルクスがあらゆる歴史的生産形態を貫徹する『自然法則』として発見したところの、一つの平均法則たる労働配分均衡が、いかなる意味のものであるかは、以上述べるところによつて愈々《いよいよ》明かとなつた。彼がこの法則を個人の内部からではなしに、社会的生産の外部から客観的に発見したことは、すでに見る通りであるが、社会的生産の内部における諸関係、殊《こと》に配分関係――マルクスのいはゆる生産関係なるものはこの配分関係を含まざるをえない――における個人の役割が、いかなるものであるかについても、我等は彼の論述を辿つてもつと前進することができるといふことを知つた。だが同時に我等は、マルクスにおける配分関係の分析は極めて不完全であり、素朴であり、わづかにして直ぐ挫折してゐることを知つた。この一点における彼の科学的分析力のあからさまな限界は、彼が生活し、そして読み、且つ思索した時代の、経済学の一般的な限界であるといふことを考へなければならぬ。彼は彼の限界を超えて分析を続行するために必要な武器または鍵をもたなかつた。惟《おも》ふにその鍵はゴッセンからカッセルに至るまでの、新らしい経済理論的思索の一系列のなかに、継承されつつある科学上の一公産であるが、マルクス並びにマルクス経済学の継承者が曾《かつ》てその目的をもつてこれに注意をむけたことのないものである。

以上マルクスが社会的生産形態を通して彼の『自然法則』を発見したといふのは、一応の解釈にすぎず、彼の科学的認識の出発点は、実は個人である。だから彼の科学的分析が個人の内部にまで到達しなかつたのは、彼の研究対象が社会であるがゆゑにそれを必要としないのだといふ弁護はゆるしがたい。マルクスはいふ、『吾々がそれらを以《もつ》て始めるところの諸前提は、決して任意なものでもなければ、独断でもなく、現実的な諸前提なのであつて、たゞ思惟のうちでのみ抽象し得るものなのだ。即ちそれは現実的な個人と、彼等の行動、及び彼等の物質的な生活条件……である。』と。またいふ『あらゆる人間史の最初の前提は、勿論《もちろん》、生きた人間的個人の存在である。』と。しからばマルクスは『現実的な個人』を彼の『思惟のうちで』いかに『抽象』しえたか。もし彼が一箇《こ》の孤立人の生活を想定し、孤立人の生活を支配するところの何等かの法則を認めてゐるとするならば、その法則こそ何であるかを確め、そしてその法則と、かの社会的生産の諸形態を貫徹するところの非歴史的な『自然法則』とが、いかなる関係におかれてゐるかを解明することができるのではあるまいか。ここに至つて我等は再びマルクス・ロビンソンの孤島に立ち還らなければならぬ。――

『経済学はロビンソン物語を好むから、先《ま》づロビンソンの島の生活を見よう。彼れは生れながらにして淡白寡欲な男ではあるが、それでも様々な種類の欲望を満足せしめねばならぬ、そしてそのためには道具を作つたり、家具を製造したり、駱馬《らくば》を馴らしたり、魚貝を採つたり、狩猟をしたりして、様々なる種類の有用労働をなさねばならぬ。祈禱その他これに類似なものは茲《ここ》で問題とならぬ、なぜといふに、わがロビンソンはそれに怡楽《いらく》を見出し、かゝる活動を気晴しとしてゐるのだから。さて彼れは、彼れの生産的機能の種々雑多であるに拘《かかわ》らず、それらが同一なるロビンソンの異なれる活動形態に外ならず、従つて人間労働の異なれる仕方に外ならぬことをよく知つてゐる。必要そのものが彼れを強制して、彼れの時間を彼の異なれる諸機能の間に正確に配分せしめる。彼の総活動の中でどの機能がより多くの範囲を占め、どの機能がより僅《わず》かの範囲を占めるかは、目的とする効果を得るために克服すべき困難の大小によつて定まる。経験が彼れにそれを教へる、そしてわがロビンソンは、時計と台帳とインキとペンとを難破船から救ひ出してゐたので、直ちに立派なイギリス人らしく自分自身のことについて簿記をつけはじめる。彼れの備品控帳には、彼れが所有する使用対象物や、それらの生産に必要なる種々の仕事や、最後にこれら種々なる生産物の一定分量の生産のために彼れが平均に必要とする労働時間やの、明細書きが記入されてゐる。ロビンソンと彼れ自身の創つた富たる諸物品との間のすべての関係は、この場合極めて簡単明瞭であつて、ヴォルト氏ですら別に精神を労することなくしてそれらを理解することができた。しかもなほこれらの諸関係のうちには、価値のあらゆる本質的な規定が含まれてゐるのである。』

そもそもいかなる目的をもつて、かかる想定が『資本論』のなかに設けられてゐるのであるか。この発問はさきの『自由人の団体』についても同じやうになし得るものであるが、我等はすでにそれについては一応の説明を加へて来た。我等はいま再び右の例解を掲げてこの中からマルクスの理論を求めなければならぬ。この中に一箇の理論が存在することはすでに指摘された。彼はロビンソン物語を理論的なものとして取扱つてをり、そこで彼の為《な》し得る科学的分析を限界まで押しすすめてゐるのであつて、我等はその限界を明かにすることができるであらう。このことはマルクスの全体系がよつて以て立つところの基礎的法則の本質を明かにし、そのより深き地盤を求めれば奈辺に到達し得るものであるかといふ問題――かかる問題の提起は恐らくすべての学者にとつて意表外であらう――にたいし一解答をあたへんがために必要である。おもふにこの解答は、晩近《ばんきん》の価格形成理論の数学的精密性に馴れた眼をもつて見れば一見素朴の外観を呈してゐるところの労働価値思想のために、その内面的複雑性――主として一切要素の相関性――を分析することにより、そのより鞏固《きようこ》なる基礎を明かにしようとの企てにたいし、一つの出立点をあたへるものとなるであらう。

ロビンソンの時間配分の理論における、マルクスの分析の過程たるや極めて短い。それは殆《ほとん》ど出発すると同時に挫折してしまふ。彼はその挫折にみづから気がつく代りに、この設例を軽蔑的に取扱ひ、皮肉まじりにいぢり廻したあとで抛《ほう》り出してしまつたのである。この場合の彼の、不必要な過剰の諧謔《かいぎやく》は、彼の分析力の消失と不可分の関係にある。若《も》しマルクスが一層深い分析の方法を知り、したがつてここで取扱ひうる問題の性質を十分に承知してゐたならば、これはかかる諧謔を弄《ろう》すべき場合ではないといふことを気づいたであらうに。――しかも彼はなほ且つこの孤立人の想定のなかに『価値のあらゆる本質的な規定が含まれてゐる』といふ重大な洞察を失つてはゐない。いなその洞察あればこそ、かかる仮想を敢《あえ》て導入しえたのである。

孤立人の生活のなかに、すでに『価値のあらゆる本質的な規定が含まれてゐる』といふマルクスの洞観ほど、深刻な暗示に富んだものは少い。だが我等はロビンソンの分析からはじめよう。ロビンソンは孤島にただひとりの孤立人である。彼は生きなければならぬ。しかも彼は禽獣《きんじゆう》のごとく生きるのではなくて、人間のごとく――いな人間として、生きなければならぬ。『人間自身は、彼等が彼等の生活資料を生産し始めるや否や、自分を動物から区別し始める。』――すなはち彼は『様々な種類の欲望』を満足せしめるために、生産に従事しなければならぬ。問題の要点は、『必要そのものが彼を強制して』彼を生産のなかに、――生活活動の一定形態のなかに導き入れるといふ点にあるが、就中《なかんずく》注意すべきは、欲望が一種類でなくして多種類であるといふ点である。この事実は極めて平明ではあるが、経済学上価値問題の存するところ、その根柢には必ずこの事実が存在し、あるひは直接この事実のうへに立つ何等かの他の事実が存在するのである。充たさるべき欲望が一種類でなくして多種類であるといふとき、ここにはじめて生産上に一規定が発生しなければならぬであらう。

充たさるべき欲望がただ一種類であるとき、生産における秩序はまだ一つの規定を備へるに至らない。この場合の問題はただ生産をどこで打ち切るかである。この第一の問題は最も基本的な生産秩序の問題であり、したがつて第二の問題の発生によつて消滅するものではなく、却《かえつ》て発展する。第二の問題とは、充たさるべき欲望が二種以上であるとき、これを充たさんがための生産秩序はいかなる規定を備へねばならぬかにある。それこそはロビンソンの問題であつて『必要そのものが彼れを強制して、彼れの時間を彼れの異なれる諸機能の間に正確に配分せしめる。彼れの総活動の中でどの機能がより多くの範囲を占め、どの機能がより僅かの範囲を占めるかは、目的とする効果を得るために克服すべき困難の大小によつて定まる。』すなはち生産をどこで打ち切るかといふ第一の問題は、彼の総活動の中でどの機能がいかなる範囲を占めるかの問題と変じこの問題は生産各部門において同時並行的に発生するのである。しかもその箇々の問題は、それぞれ独立して決定するをえないところの相関的な問題として、ロビンソンの決定を要求するのであり、これすなはち個人的な労働総配分の問題に外ならない。かく考へるとき労働配分の問題は、生産各部門においてその生産をどこで打ち切るかの問題であるが、その問題の解決は配分さるべき労働総量の存在を前提してはじめて可能となることを発見するであらう。

ロビンソンが『道具を作つたり、家具を製造したり、駱馬を馴らしたり、魚貝を採つたり、狩猟をしたり』してゐるところの『様々なる種類の有用労働』は、その『活動形態』の異なるにもかかはらず、いづれも『同一なるロビンソン』の労働であり、それがロビンソンの労働であるかぎりにおいて単に『人間労働』として考へらるべきものである。つまり『これらの労働の具体的の一定の諸形態』が消滅し、『それらはもはや互《たがい》に異れるものではなく、一様なる人間の労働に、抽象性におけるたゞの人間労働（abstrakt schlechthin menschliche Arbeit）に、尽《ことごと》く還元』されるのであつて、もしもこのことがロビンソン自身にとつて不可能ならば、彼は彼の生産秩序において彼の労働を配分しうる筈はないであらう。彼にとつて労働の配分が可能なのは、配分さるべきすべての労働が等一物として考へられるからであり、そしてその等一物としての労働が一つの総量として考へられるからである。

註　本篇の筆者が時間配分の思想をはじめて発表したのは、小著『社会思想家としてのラスキンとモリス』第二章第三節の中である。この思想はジエヴンスの労働苦痛理論にたいする批判の中からおのづと発生した。なほ小篇『配分原理の拡充』（国民経済雑誌第四十五巻第五号以下断続的に連載）は、その後半においてこの問題を十分に取扱ふであらう。小篇『経済理論的思惟に先立つもの』（『配分学説史考』第一冊附録及び小著『文学と経済学』所輯）もまた同一思想を根柢としてゐる。

7

しからば表面非常に微細な一点、――マルクスの配分理論の限界を示す一点に注意しよう。彼は多くの『活動形態』を列挙したのちに『祈禱その他これに類似なものは茲《ここ》で問題とならぬ、なぜといふに、わがロビンソンはそれに怡楽《いらく》を見出し、かかる活動を気晴しとしてゐるのだから。』と附言してゐる。だがこの言葉はマルクスの科学分析がここで挫折したことを告げるのにすぎない。彼にとつて問題となるのは、道具を作つたり、駱馬《らくば》を馴らしたり、魚貝を採つたりするといふ、生産的な『活動形態』のみであり、それ以外の、すなはち『祈禱その他』の『活動形態』は、それ自体が『怡楽』であり『気晴し』であるといふ理由によつて、彼の問題の外に廃除される。だが、なにゆゑ『生産資料として、すなはち享楽の対象として』の生産物の獲得を目的とする活動形態のみが問題となり、享楽それ自体を目的とする活動形態が問題外におかれるのであるか。

『必要そのものが彼れを強制して、彼れの時間を彼れの異れる諸機能の間に正確に配分せしめる。』とマルクスはいふ。この時間配分はロビンソンの生産的な活動諸部門を対象とするが、それ自体享楽的な『祈禱その他』の活動部門を対象としないのであり、したがつて彼の総労働時間が一の配分総量を形成し、その総量が生産諸部門に配分されるのである。この理論はその目的とする範囲において謬《あやま》つてはゐない。だが、この理論は一旦次ぎの発問に遭遇した場合、いかなる答をも用意することができぬ。その発問とは、右にいふ配分総量としての総労働時間なるものは、そもそもロビンソンにおいていかにして決定したかといふこと、これである。もしマルクスがこの一点に科学的分析の余地を発見し、また分析の必要を感じたならば、恐らく彼は『茲で問題とならぬ』といつてふり棄てたところの『祈禱その他』の活動諸形態を再び取りあげ、それらの諸形態がこの答へがたき問題にたいして何等かの示唆を与へうるか否かを考察しなければならなかつたであらう。そしてもしもその考察の結果として、彼が何ものかを発見したとするならば、それは恐らく次ぎの一事ではあるまいか。

生産的な活動諸形態が抽象的な人間労働に『還元』されえたやうに、生産的な活動諸形態とその他の活動諸形態もまた何ものかに『還元』されうべきものである。それは何か。――それは人間生活の最も本原的な、同時に最も普遍的な、配分総量としての、時間と精力とである。就中《なかんずく》時間は人間生活の全過程がそのうへを走るところの一制約であり、与へられたる、しかして免るべからざる定量である。一日が二十四時間であるといふことは、宮殿の王侯にとつても、大道の乞食にとつても、同一である。あらゆる人間は、その欲すると否とにかかはらず、免るべからざる時間を彼等の一切の生活活動に配分せざるをえない。その一部分は彼等の生産的必要から睡眠と運動とに、その他の部分は彼等の生存的および精神的必要から、種々なる活動と慰安とに、配分されなければならぬであらう。ロビンソンもまた彼の総生活時間を、労働とその他の活動とに配分するのであつて、この配分こそ『必要そのものが彼れを強制』した最初のものではあるまいか。――すなはちロビンソンにおける総労働時間はいかにして決定したか、といふ発問に答へ得んがためには、労働時間以外の生活時間を不問に附するをえないのであり総労働時間もまた全生活時間の一部分なのであつて、それはすでに第一次的な配分の結果として、あたへられた部分量であるといふことを発見するであらう。実にかくしてのみ総労働の決定は、一元的な完全に理論的な説明をうけとることができるのである！

さて次ぎに、マルクス・ロビンソンの生産的な総活動の中で、『どの機能がより多くの範囲を占め、どの機能がより僅かの範囲を占めるかは、目的とする効果（高畠訳では『利用上の効果』Nutzeffekt）を得るために克服すべき困難の大小によつて定まる。経験が彼れにそれを教へる、そしてわがロビンソンは……簿記をつけはじめる。彼れの備品控帳には、彼れが所有する使用対象物や、それらの生産に必要なる種々の仕事や、最後にこれらの生産物の一定分量の生産のために彼が平均に必要とする労働時間やの、明細書きが記入されてゐる。……これらの諸関係のうちには、価値のあらゆる本質的な規定が含まれてゐるのである。』——すなはちロビンソンの総活動の配分が、事実において時間配分であることは、すでに見る通りであり、ここに『どの機能がより多くの範囲を占め、どの機能がより僅かの範囲を占めるか』といふのは、どの労働がより多くの時間を占め、どの労働がより僅かの時間を占めるかといふ問題に外ならないことを知るであらう。しかるにこの問題にたいするやマルクスの分析力は、突如として挫折する。彼は答へていふ、『目的とする効果（『利用上の効果』）を得るために克服すべき困難の大小によつて定まる。』と。しからば『克服すべき困難の大小』とは何か。マルクス・ロビンソンにおいては、いかなる種類の『困難』なりとも、これを『克服すべき』方法は労働より外にないのであつて、その活動形態がいかなるものであらうとも、それは『同一なるロビンソンの異なれる活動形態に外ならず、したがつて人間労働の異なれる仕方に外ならぬ』のである。すなはちここに『克服すべき困難の大小』とは、支出すべき労働力の大小の意味であり、したがつてそれは配分さるべき労働時間の相対的分量すなはち各範囲の意味に外ならない。註しからば問題およびその答は次ぎのごとくである。——わがロビンソンの活動諸部門に配分さるべき労働時間の範囲の大小を決定するものは何か。それは『目的とする利用上の効果』を得るために必要とする労働時間の範囲の大小である。——だがこれは殆《ほとん》ど同義反復ではあるまいか。マルクスにおけるこの同義反復は、わづかに『目的とする利用上の効果』といふ言葉の積極的な一解釈によつて救はれる。すなはち労働配分の規制者は、労働そのもののみに存するのではなくして、労働諸部門においてその配分を要求しつ、あるところの『利用上の効果』であるといふことが、マルクスによつて幾分なりとも指示されてゐるからである。これこそ実にカール・マルクスにおける配分理論の極限である。それはもはや極限であるがゆゑに、さらに前進することをえず、したがつて若《も》し必要があるならば、他の『法則』が直ちにこれを引き継いで展開しなければならぬところの出発点である。ここに他の『法則』とは、いふまでもなくゴッセンの法則であり、そしてそのもつとも精密な分析的推理は、数学的方法によつてのみ表現されるであらう。マルクスはいかにして価値の『本質的な規定』をかかるロビンソンのなかに認めうるかについて、何等これ以上の説明を加へてはゐない。だが、その意味するところは、あらゆる目的物の生産における労働配分の正常均衡状態が、そこに存在するとの意味に外ならず、そしてこの配分均衡こそは、マルクスの価値法則がよつてもつて立つところの無二の地盤なのである。

註　マルクス・ロビンソンの総労働が、種々なる生産部門に配分さるるにあたつて、その各部門が占めるであらうところの労働配分量の大いさを、マルクスは『範囲』と言つてゐる。すなはち『どの機能がより多くの範囲を占め、どの機能がより僅かの範囲を占めるか』といふのは、いかなる比率において配分総量が配分諸部門に配分されるかとの意味に外ならない。この『範囲』といふ言葉は記憶されてゐてよろしい。なぜならマルクスは『資本論』第三巻第二篇第十章の中で、次ぎのやうに言つてゐるからである。――『社会的の一物品に支出される社会的労働の総量、換言すれば社会的総労働力の中からこの物品の生産に利用される可除部分即ちこの物品の生産が、総生産の上に占める範囲といふ一方の事実と、社会がこの一定の物品に依つて充たされる欲望の充足を要求する範囲といふ他方の事実との間には、何等の必然的関聯《かんれん》も存在せず、ただ偶然的の関聯が存在するだけである。』（高畠素之訳改造社版）この意味は、社会的な総労働の配分は自由競争の社会においては社会的な総需要の配分に先天的に適合するとは限らないとの意味である。我等はここでロビンソンの労働配分を憶《おも》ひ出す必要があるといふことを直《す》ぐ心付くであらう。

8

以上をもつて、マルクス『資本論』の全建築の基礎にうづめられてゐるひとつの奇体な柱、すなはち一箇《こ》のロビンソン物語の本体に関する執拗な分析をひとまづ終つた。社会現象をもつて個人的現象の結果として観ずることなく、全体としての社会そのものを直ちに分析することによつて個人的な経済生活を規定するところの諸関係と合法則性とを発見し得べしとするマルクスの立場が、なにゆゑに猶《なお》且つ孤立的な経済者の想定をその全体系の根柢から排除し得ないかといふ理由は判明した。それはマルクスの客観主義的社会的観点が不可避的に全体的なものの把握を内含し、そしてその全体的なものは卦鎖的自己完了的なものでなければならず、そして封鎖的・自己完了的なものの最も単純な形態は、理論上必ずや孤立人の総労働でなければならぬからである。すなはちマルクスは社会的・全体的なもののエレメンタルな形態を求めて、期せずして個人に到達した。しかもマルクスが個人に到達したのは、社会現象をもつて個人的現象の結果なりとする考からではなく、また個人的生活における合法則性の分析から出発して社会経済の諸現象と合法則性とを説明しようとの企てにもとづくものでもなく、まさにその逆である。マルクスの求めたものは、はじめから社会的なものである。だが、この社会的なものたるや、その経済理論的内容を求めれば全体的なものの意味に外ならず、そして全体的なものとは、すべての部分が相関性において一箇の統一物たるものを意味するに外ならない。――マルクスはその統一物の雛型を求めたのである。

すなはち我等の注意すべきことは、孤立人ロビンソンは経済者として一箇の全体であるといふ一事である。そしてそこにすでに配分総量としての総労働の雛型が存在するといふ事である。彼は彼の総活動時間を彼の活動総部門に配分するが、その配分を規定するものは配分原理である。茲《ここ》に配分を規定するとは、彼の配分総量をいかなる比率において配分諸部門に分割充当するかを指示するの意味である。マルクスは実にこの総労働の配分のなかにこそ経済理論的な全体性の存在を発見したのではあるまいか。マルクス・ロビンソンと他のすべての経済学者のロビンソン物語との間に存する懸絶的な相異は、まさにここにある。マルクス経済学があらゆる経済学者のロビンソン物語を嘲評《ちようひよう》しつつ、自己自ら一箇の典型的な――実に典型的である――ロビンソン物語を所蔵するといふ矛盾は、単に表面的な矛盾にすぎない。本篇にして若《も》し目的とするところを謬《あやま》つてゐないならば、上来述べ来たつたところは、すなはちこの一点を肇《はじ》めて明かにすることを得たとおもふ。

スミス・リカードのロビンソン物語、すなはち猟師や漁夫の獲物の交換に関する理論は、マルクスのいふごとく『十八世紀の想像を加へざる幻想に属する』としても、その幻想たること自体は何等非難さるべきではない。非難されてよいのは、海狸《ビーバー》と鹿との交換が、何等社会的総生産の労働配分における『正しき比例』を前提することなしに、技術的な投下労働量それのみによつて規定され得るもののごとく説かれてゐるといふ一点である。一箇の仮想世界において労働価値の原則が支配するためには、その総交換者をもつて全体とするところの社会的生産が前提されてゐなければならず、そしてその生産関係それ自体の内部には生産の編制を規定するところの一定の配分関係が儼存《げんぞん》してゐなければならぬであらう。この配分関係、すなはち社会的総労働の産業総部門への正確なる配分を、第一に確認することなくして労働価値法則を説くものは、両脚なくして人間が起立し得ることを説くに均《ひと》しい!

墺太利《オーストリア》学派のロビンソン物語が、消費生活者の心理を基礎として成立した理論であるといふことは、まだ必ずしも非難するにあたらない。非難されてよいのは、個人的な消費経済の全体性を把握しえずして、『沙漠の旅行者』『難破した人々』等の綺談漫語の中に価値の逆説を誇ることである。だが、限界利用学派はその発展の過程において漸次この綺談的説話を排棄し、消費生活者の内面的秩序性すなはち個人的生活における合法則性の分析から出発することによつて社会経済の諸現象と合法則性とを説明しようと企てつつある。この学派の中にあつてすぐれたものは、いづれもその出発点におくところの個人的現象を、まづ一応その全体性において把握せんとする。すなはち一方にはあらゆる商品の価格を前提し、他方には個人の一経済期間における購買力を限定することによつて、消費者の経済秩序の中に認められる全体性（一切要素の相関性）を明かにするのである。この個人的な全体性は必ずや封建的・自己完了的なものでなければならず、説明の後段に及んで社会的なものとの相関性によつて全く解体されてしまふにもせよ、その理解の第一段梯《だんてい》においてはこれを破ることをえない。註一　しからばその全体性を経済法則的に内容づけるものは一体何であるか。――配分である。

限界利用学派並びにその発展としてこれを超脱した学派の、すべてに通ずる消費秩序の原理は、種々なる名称をもつて呼ばれ、またそれぞれの形態に若干の相異がないのではないが、ゴッセンからカッセルに至るまでの幾多の均等法則はことごとく配分学説である。カッセルはこれを欲望充足均等の原理（principle of equality in the satisfaction of wants,

Prinzip der Gleichmässigkeit der Bedürfnisbefildigung）と名付けた。その内容はいはゆるゴッセンの第二法則と同じものである。おもふにこの原理は、人間行動の規律性を享受的な・受動的な・消費心理的な・観点から理解しようとしたものであり、原理そのものの客観的性質は、むしろ人間の総行動の合法則性を摑《つか》んだものであるといふを至当とする。すなはちそれは配分原理であり、もつと正しく云《い》へば配分原理の消費心理的、主観主義的表現なのである。註二

カール・マルクスはすでに見たごとく、消費心理的、主観主義的観点からの分析をいささかも企ててはゐないが、客観的に、――徹底的に客観的に、人間行動の普遍的・合理的法則としての配分原理を把握し、これを『資本論』全建築の根柢においた。ヘルマン・ハインリッヒ・ゴッセンをして経済学上のコペルニクスなりと自ら昂《たかぶ》らしめた彼の学理は、カール・マルクスの『資本論』においては『誰でもが知つてゐる』平明な真理として、しかし彼の理論的構造の不可欠の柱として、その土台の中に躲《かく》されてゐる。

およそ二つの学説の対照は、両学説が一般的な課題にたいしていかに答へてゐるかを明かにすることによつて確然たるものとなる。もしそれらが同一事物をいかに異つた方法で把握してゐるかが明白にされ得るならば、その対照はますます鋭くなり、したがつて両学説の方法論的基礎は双互反照的に明確の度を増すであらう。果たしてしからばマルクス・ロビンソンにおける時間配分の理論とゴッセン法則とのあひだに内面的関聯《かんれん》性の存することを指摘することは、マルクス経済学にとつて何等『有害な』企てではありえない。経済

学の階級的対立における相互恐怖は、いまやその頂点にある。だが、ロビンソン経済並びに自由人社会の経済について、マルクスの分析の限界点を明かにし、僅かながら更にその分析を続行したところの本篇の企ては、その新らしい分析の方法を限界利用学説のなかから学びとつたものである。その更に十分なる分析を試みようとならば、我等は期せずして次ぎの小篇『配分原理』のなかにすすみ入ることとなるであらう。そこでは千手観音のごとく無数の手を両肩から派生してゐるところの巨人――だが彼もまたロビンソン・クルーソーではあるまいか？――が、一箇の全体として彼自身の総労働の配分を営みつつある。読者はまたつづいて一つの社会をも見られるであらう。そこでは各個人の消費配分と全社会の生産配分との関係が示されてゐるのみならず、配分と分配とがいかに別箇の原理によつて支配されつつ、しかも密接な関聯性を有するかを発見されるであらう。だが、何よりも重要なのは、労働価値の観念は決して限界利用説をもつて代位し得る観念ではないといふ一事である。

この観念は一枚の部厚い布地にも譬《たと》へられる。あるひは一着の衣服である。限界利用説は一本の針であり、あるひは一把の糸である。――鋭い分析の針、強靱《きようじん》な均衡の糸。労働価値思想は粗末に縫ひ上げられた衣服にすぎないかも知れない。だがそれは衣服である。限界利用説は鋭利な針、あるひは強靱な糸であるかも知れない。だがそれは竟《つい》に針と糸とであつて、衣服ではない。限界利用説殊《こと》に数理派の針と糸とは、労働価値思想のあらゆる部分を刺しとほすことができる。だがそれは生地を愈々《いよいよ》固く縫ひ取るのであつて破るのではない。限界利用学派は今日まで布地なくして衣服を仕立てようとした裁縫師である。その作り上げたものは単なる無用のあみもの、——風に飛ぶレースである。労働価値思想はいまだ縫ひ上がらぬ衣服である。カール・マルクスによつて永久にその仕上げは完成されたと考へるごときは、まさに人類思想の休止なき発展を忘れたものである！

註一　『配分観念はすなはち均衡観念である。経済学の全史はこの均衡観念の発展史であるといふことができる。近代経済学の発端においてすでにこの均衡観念は漠然たる形態をとつてあらはれたが、それが取扱ひ易《やす》い一箇の学理として把握されるに到つたのは、公平に見て、主観学派の功績に帰すべきものである。主観学派はこの均衡法則をまづ一個人の生活秩序のなかから明確に把握し、いはば経済的有機体の細胞的存在たる各個人のなかに、経済的世界の秩序因子たるものを発見し、且つ表現したのである。経済的世界の理論的理解において配分均衡の観念はまづ一応各個人の経済生活の内面的完了性を解明するために不可決の道具となるのであるが、経済学の理論的展開は、たとひ後段において個々人の内面的完了性が否定され、総体における一因子としての個人の、他のすべての因子との相互依存性が力調されるに到るとも、その説明の最初の段階においては、有機的社会的均衡を組成する細胞的因子としての個人の内面的均衡性が、一つの遊離的方法によつて詳論されなければならぬのである。Gossen にはじまる主観学派は、この個人の内面的均衡性を分析する上において重大な貢献をわが経済学のうへになし果たした。この貢献を否定してはな

らない。』（小著『配分学説史考』第一冊二六頁）

註二　『ここに注意すべきは Gossen の第一法則の名によつて呼ばれるところの欲望充足過程に関する主観学派の第一命題は、すでにその中に利用概念以外に対象の客観的単位数の想定を含まざるを得ないと云ふ事である。客観的に無差別な物的単位数の想定なくして利用の逓減を説明することは不可能なのである。だが迥《はるか》にそれにも増して注意に値するのは、第一法則から展開された第二法則が、決して前者の『系』ではなく、単なる延長でもないといふこと、前者は人間の心理的乃至《ないし》生理的事実を指摘するにすぎないのに、これはすでに人間行動の法則性を把握してゐるといふこと、――それのみならずこの第二法則に至つては諸享楽への共通手段たる一般素材の客観的単位数の客観的限定をあらかじめ想定せずしては説明すべからざるもの、理解すべからざるものであるといふ事である。この一事に注意をむけることなくしては主観学説の基礎法則に新しい客観主義的表現を与へ、これを労働価値思想に摂取することは困難であらう。』（小篇『配分原理の拡充』国民経済雑誌第四十五巻第五号二一―二二頁）

――（一九二八・一二）――

――（一九二九・　一）――

配分原理

1

自由なる想像が我等の理論的思惟の展開に役立つものならば、ここに欲望において全く解放された一箇《こ》の巨人の像と、その肩先から派生する幾千百の微妙な手を空想し、その手はおのおの千手観音のそれのやうに往くところ自在であつて、彼の欲望に応ずべき許多《あまた》の財貨の生産に必要な一切の生産部門に種々なる比率において分たれてゐると想像しよう。しかもなほその労働力の総和はかぎられたる分量でありその生産能性は一定してゐるがために彼の無限なる欲望を飽和せしむべくもないと想像しよう。

いま、最も単純な場合、——即ちわが巨人の欲望にとつて、始発利用の高度と利用逓減の傾度と、そのいづれかにおいて、或《あるい》は双方において差等ある両種の対象ありとし、彼の欲望の対象となるべき第三種の財は存在しないものと想定するに、まづ彼の労働の一定量に対応するA・B両財の利用形態は次ぎのやうな相対関係にあるであらう。曰《いわ》く両財の相対関係は始発利用の高度と利用逓減の傾度との比較において実現される。坐標幾何学にいふところの第一象限面において、OX軸上に一点Pをとり OPは実現された労働量（時間）並《なら》びにこれに対応する両種生産物の客観的数量を示す。（両財ともに完全な可分財であらねばならぬが、労働一定量に対応する産出斤量を等しいと想定する必要はない。）すると生産能性を一定とする労働のあらゆる増減即ちOX軸上におけるPの位置のあらゆる変化は、

A・B両財の利用形態即ち両財の総利用の比のあらゆる変化によつて伴はれざる得ないであらう。

若《も》しA財の始発利用がB財のそれより高く、そしてOPが或《あ》る限度を過ぎて小さいならば、A財の限界利用はB財の始発利用を凌《しの》ぐを以《もつ》て両財の並行生産は行はるることを得ず、B財は全く労働の配分に参与せざるがゆゑに、A財の単独生産あるのみ。OPの増大がA財の限界利用を低下せしめ、B財の始発利用と相等しからしめる点をPとすれば、P点を超ゆる労働の増加はA・B両財の並行生産を惹起《じやつき》するであらう。B財のために労働配分が起らんとする一点PをかりにBの配分起点と呼ぶならば、Bの配分起点以後のOPの増大から起る配分の比率は、両財の利用線の傾度の比に相反するであらう。ここにおいて図解を用ゐる方が便利である。図解に先立つて一言してもよいと思はれるのは、OXの任意の一点Pは労働量一単位を示し、これを極微分なりとするもこれに対応する諸財の客観的産出量がその種類を異にするごとに差異あるものとしないのは失当であらうといふこと、——例へば労働一単位に対応する食塩と砂糖との斤量は同一ではないであらう。——従つて一点Pに対応する諸財の利用はおのおのその

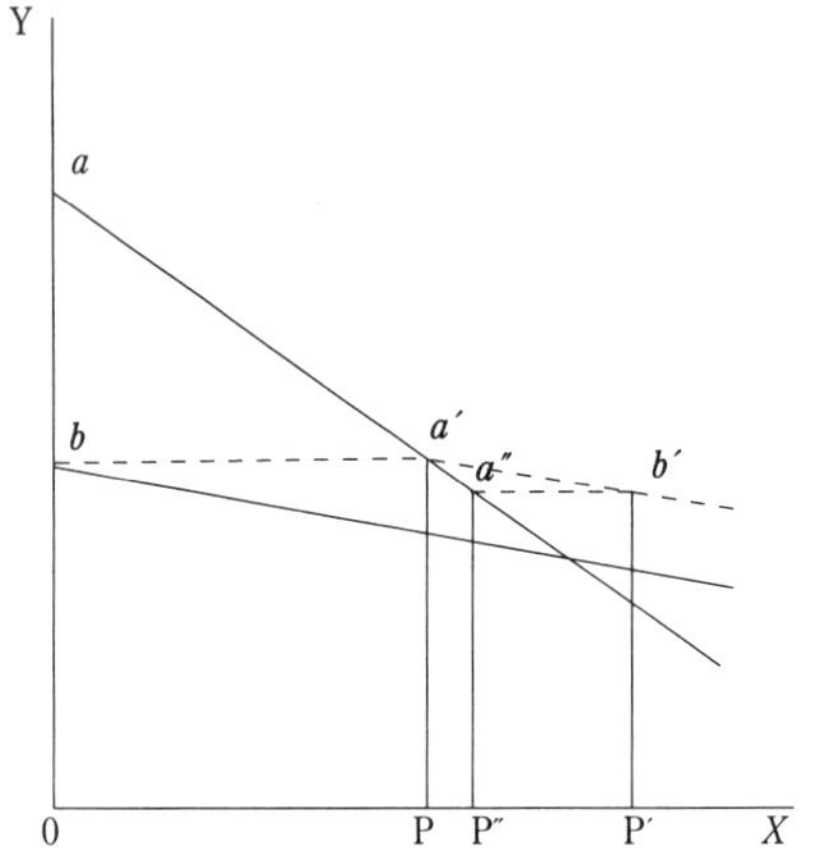

異る分量を底辺にて表すところの一の利用形態即ち総利用でなければならず、よつて直線 $a'P$ 或は $b'P$ のごときは夫々《それぞれ》その面積の比を示してゐるものと考へなければならぬといふことである。

さて、図解はA・B両財の利用形態とOX上に立たしめBの始発利用obをAの始発利用oaの上に重ねたものに過ぎぬ。bより底辺に平行する直線をゑがき、そのAの利用線と交る点を a' とし、a' よりBの利用線と平行する直線をゑがき、その任意の一点 b' より底辺に平行する直線をゑがき、そのAの利用線と交る点を a'' とする。a'・b'・a'' より夫々底辺に垂線を垂れ、その足を夫々P・P'・P''とする。しかるときは、——

$$bo = a'P \qquad b'P' = a''P'' \qquad \widehat{b'a'P'} = \widehat{cbo}$$

そしてPはB財の配分起点であるから、配分起点以後の労働配分比は次ぎのごとくであらう。

$$\frac{PP''}{PP'} = \frac{\tan\alpha}{\tan\beta}$$

若し、a' からBの利用線に平行してゑがかれた直線が、Aの利用線と重り合ふときは、Bの配分起点以後の増加労働力の両財に対する配分比は一対一なるべく、またAの利用線に対して $a'P$ と同じ側にあるときも矢張り殆《ほとん》ど同様にして説明されるであらう。そこで以上の説明によつて既に次ぎのことが明かでなくてはならぬ。——

曰く、わが巨人が有する労働力のあらゆる増減は、彼の欲望の対象たる諸財の生産部門に対するその配分の比率のあらゆる変化を伴はなければやまぬといふこと、即ち始発利用の高度において、或は利用逓減の傾度において、或はその双方において異るところの諸財が、まづ始発利用の高度によつて順位を獲得し、相並んで一般限界利用の低下を俟《ま》ち、それが自己の始発利用と相等しくなつた時に乗じて生産秩序の配分圏内に入りこみ来たり、幾多既存の並行生産に伍して一の新たなる生産部門を構成するに至るであらうといふこと、しかも一旦生産配分圏内に入りこみたるのちの増加労働力に対する配分取得の比率は配分参加の順位と些《いささ》かも相関するところなく、利用逓減の傾度の如何《いかん》によつて決定されなくてはならぬといふこと。

若しわが巨人の労働の生産能性が無限大のものであるか或はそれはかぎりあるとするも一経済期間における労働量において無限のものであるとするにおいては、一般限界利用の均等または労働配分における均衡の問題を考ふることは不可能に属する。彼は恐らく価値の世界に住むものではなく、彼に取つて経済の本則乃至《ないし》経済主義は永久に無意味である。労働配分均衡が思念され得るのは一経済期間における彼の労働並《ならび》にその生産能性が限定されてをればこそである。

いま、かりに彼の不思議なる手によつて同時並行的に生産されつつある諸財の中の一種が、何等かの事由によつて労働量一単位に対し従前の十倍の生産額を呈するに至つたとすれば、この生産力増進の刹那《せつな》に彼がなすべきことは、その一財の生産額の倍加を楽むことではなくして、この産業部門に配分されてゐる労働の十分の九を回収し、これをすべての生産部門（該部門をも無論加へて）に直ちに配分することでなくてはならぬ。そしてこれこそは正しく一般生産力の増進と呼ぶべきものの真相の一部であらう。その回収労働の配分比がいかなるものなるか、また、それが新しい産業部門を喚起する事情のいかなるものなるかは、ここに再び説明を繰返す必要がないであらう。だがその思念は最も重要である。

労働一単位に対し従前の十倍の差額を呈するに至つた財が、その財の単位において、生産技術に何等の変動を生じない他の諸財と比較されるとき、その相対価値は後者の一に対し十分の一に低下してゐるであらう。別言すればわが巨人がその一財の一単位を奪はるることによつて感ずる損失は、他の財の一単位を奪はるることによつて感ずる損失の十分の一であらう。蓋《けだ》し彼が諸財の価値を比較判断するとき、その規準となるものは、おのおのの生産に必要とする労働量の大小であるがゆゑである。これに反して、若し労働量一単位に対応する一財の生産額が従前の十分の一に減退したとすれば、この生産力減退の刹那に彼が為《な》すべきことが、その財の生産減少に甘んずることではなくして、すべての生産部門からその配分比に従つて若干労働を回収し、その総和を該部門に与へることによつて、一般限界利用の均等が失はれようとするのを防ぐことであるのは明かであらう。かくて生産額の減少は一般貨物の上に起り、また該貨物の相対価値はその生産に変動の起らなかつた前に較《くら》べ十倍となつてゐるであらう。若し一般生産力減退の結果、或る生産部門の存立が全く奪はるることがあるとすれば、それは一般限界利用が該財の始発利用の頂点を凌ぐ刹那であるといつてよろしい。

わが巨人の不思議なる手の、即ちその自由なる労働力の、各生産部門への配分比率が、各部門の生産物の共通費用単位たる労働に対応するおのおのの分量において、その限界利用を均等ならしめつつあるかぎり、彼の労働配分比は natural 或は normal であるといつてよろしい。彼が諸財の相対価値を断ずるのに常に費さるる労働量を以てするといふことは、実にこの重大な条件の上に、即ち全労働の配分における正常なる均衡といふ前提の上に立つてゐる。

若し何等かの事由により彼の微妙なる手の幾本かが、或る生産部門に固定し、一般労働力またはその生産能性の一部または全部の減退にもかかはらず、その一部を回収せらるることなくして或る財の一定量の生産を継続しつつあるとするに、わが巨人はもはやこの部門より出《い》づる生産物の相対価値を断ずるに投ぜらるる労働量を以てすることはないであらう。蓋し該生産物供給量の相対的過剰は必然的にその限界利用を低下せしめて一般限界利用との間に開きを生ずべく、従つて労働一単位に対応する該生産物と他の生産物との相対価値は、両者の限界利用によつて決定される外はないからである。同様にして若し何等かの事由により、一般労働力または生産能性の増進にもかかはらず或る生産部門が回収労働力の配分に参与しないときは、一般限界利用の低下に対して該生産物のみ独り従前の限界利用を維持するを以て、両者の開きは該生産物の相対価値を高めざるを得ない。

右述べる二つの場合において、わが巨人がそのすべての手即ち全労働力の配分比を正常ならしめ得ざるかぎり、価値の異常なる相対関係は継続すべく、正常ならしめ得るに至つて価値関係はその正常または自然に復さざるを得ないであらう。

彼の欲望の対象たる或る種の財が生産さるるために特殊の技能を必要とするとも、その技能ある手がその財の生産に集合してその限界利用を一般限界利用と一致せしめつつあるかぎり問題はない。しかるに若しその特殊の技能ある手が比較的に稀少であつて、該財の供給量をその限界利用が一般限界利用と一致するに至るまで高むるを得ないときは、その特殊なる財に認められる利用形態に変動なしとするかぎり、該財との価値の異常なる関係は永久的であらねばならぬ。しかるに若しその特殊の技能ある手が該財の限界利用を一般限界利用に一致せしめて余りあるまで夥《かた》多なるときは、その余りある部分は通常の生産部門の間に他の通常の手と伍して通常の労働力を発揮するに過ぎぬであらう。そしてわが巨人は後の場合においてこの技能ある手を通常の手よりも高く尊重すべき理由をもたぬであらう。これに反して前の場合においてはこれを通常の手よりも強く愛惜《あいせき》せざるを得ないであらう。

若しこの特殊なる技能が後天的に何等かの習練によつて通常の手に加へられることのできるものである場合には、その習練のために用ゐられたその手および他の手の労働力がその習練の後に生産される特殊なる財が対応すべき労働力の一部を構成することは明かである。わが巨人の幾多の生産部門において、種類と程度とを異にする種々なる技能を有する手が存在するものと想像するときは、夫々の技能について、以上いづれかのことが言はれなくてはならぬ。

最後に若し彼の交換的対立者が自然ではなくして、例へば飄然《ひょうぜん》として訪れ来たる他のもう一人の巨人または侏儒なるときは、彼は自然から購ふことを得ない財貨を彼から購ふべく、これに対する支払は、いかなる財を以てするにもせよ、彼の労働の単位において計算されるであらう。しかも両者の交換関係がかくのごとく偶発的であり末梢的であつて、両者の生産秩序を統合する配分的均衡の存せぬかぎり、――別言すればその交換関係が両者を全体とする社会的生産を前提してゐないかぎり、購ふところの財貨が抑々《そもそも》いかにして生産され或は獲得されたものであるかは全くわが巨人の問題とはなり能《あた》はぬ。侏儒の世界において、よし仮令《たとい》自由財なるにもせよ、彼がこれを購ふことのあり得べきは疑を容れぬ。かかる交換は理論的分析の対象たるに値しないのである。

註　本節、生産力の増進に関する推論のうち、一生産部門において同一労働量に対し従前の十倍の産額を呈するに至つたとき直ちになすべきことは、その部門に配分されてゐる労働の十分の九を回収し、これをすべての生産部門（該部門をも無論加へて）に配分することでなくてはならぬとしたのは一応明瞭ではあるが、『十分の九を回収』するといふ断定は一般的に正しくない。労働若干単位より成る残り十分の一の限界単位における労働量に対応する生産物の客観的分量は従前の十倍であるが、さてその総利用（労働を単位としていへば単に限界利用である）が諸財の一般限界利用に均《ひと》しくなるであらうとは何人も言ひ得ないからである。需要の弾力性極めて大なる貨物の想定においては、その自然価格（自然との交換における供給価格）の低落は啻《ただ》に該部門における労働の配分比を減少せしめないのみならず、却《かへつ》てより大なる労働配分比を取得せしめるに至るかも知れぬであらう。かかる場合にわが巨人のなすべきことは却て他の諸部門から該部門のために若干労働を回収することである。

2

我等の想像の中に現れてゐる巨人の生産における特性は彼の欲望が絶えず直接に彼の一般労働力の方向を左右しその配分を左右しつつあるといふこと、並びに彼の全労働力を表象するところの千百の手が自由自在に彼の欲望の指揮に応じて活動の部門を転じ得るといふことに帰着する。

しかるにいま若《も》しかりに一定数の個人から成る社会の労働力がその中なる一個人の欲望によつて直接に支配されてゐる場合があるとするに、彼は先《ま》づ以《もつ》て社会の全成員の営養と休養とのためにその労働力の若干部分を分たねばならぬことを知るべく、従つて彼の欲望の完全なる支配の下にあるものは、その余剰労働であるといふことを見出すであらう。その余剰労働がかりに彼の欲望の指揮するところに従つて許多《あまた》の部門に配分されるとすれば、それは一の均衡を実現するに相異なく、そして諸財の一般限界利用が零に到達することはあり得ないと考へなくてはならぬであらう。

かかる純粋なる社会関係は単なる想像の所産である。しかし原理において必ずしもこれと相反するものではないところの種々なる社会関係は実に歴史の所産であり現社会もまたその一形態として例示されることを免れがたいであらう。史上、諸民族の余剰労働の上に君臨した個人または階級が、その自然的及び歴史的条件によつて欲望の方向を左右されつつこれを具象的、耐久的なるものの建設乃至《ないし》築造に、或《あるい》は無形の伝統の外殆《ほとん》どその形骸を後世に遺《のこ》さざるべき services の中に、或は時として他民族の福祉と安寧との掠奪《りやくだつ》及び破壊に、用ゐ尽したことは確かであらう。余剰労働に対する暴君が近世においては屢《しばしば》或る階級の婦人の中に、或はその飼主の中に、潜んでゐるやうに見える。社会の一般労働に対する支配が道徳的、政治的なると、機械的、経済的なるとはここで問ふところではない。直接的人格的なると間接的非人格的なるとはここで問ふところではない。社会的労働に対する支配力の観念並びにその支配の内容としての労働方向の指導力の観念が重要である。

惟《おも》ふに、社会の一般労働力に対する支配が、その一般購買力を通して指命する欲望の中に存することの認識は、社会的生産における交換の基本原理を把握する所以《ゆえん》である。しかも社会の購買力の総和と労働力の総和とを対挙してその広袤《こうぼう》相等しきものと想定し、社会的生産秩序を個人的消費秩序の総和から導き出すことなくして需給平衡の全的調和状態を理念することができるであらうか。かかる想定においてのみ個人的購買配分比の総和は社会的購買配分比を構成し、社会的購買配分比は直ちに社会的労働の配分比を表現してゐるのである。——しかも一切の前提をなすものは実に貨物の『自然価格』であらねばならぬ。

社会の一定時期における生産力が限定されてゐることは直ちにその一定時期における社会の購買力が限定されてゐることを意味し、しかも後者は前者の広袤に従ふものである。そして一般購買力を通して指命する欲望に対し、社会の一般労働力がいかに自由に――その完全なる自由を我等は巨人の手において空想した――服従し得るかは社会の経済的機構乃至組織原理の如何《いかん》にかかはる問題である。いま姑《しばら》くその完全なる自由を想定せしめよ。比較的現実に近い社会に到達せんがためになほ二三の単純なる仮想的、模型的社会をゑがく必要を感ずる。――

若しかりに社会の一般労働力に対する支配において平等の力を有するのみならず、傾向全く相同じき欲望の所有者から成る社会があるとするに、かかる社会の総労働の配分に関しては、孤立人たる巨人の場合と全く同様な説明が適用されるを以て十分とするであらう。しかるに若し欲望において全く相同じく、労働配分の支配力即ち購買力において不平等なる成員から成る社会を想定するときは、その社会的生産における総労働の配分関係を明示するがために些《いささ》か説明を進める必要があるであらう。

無上の簡潔を期して、例へばここにA・B両人より成る社会ありとし、彼等の欲望の対象たり得べき財はx・y・zの三種にかぎらるるものとし、そして両人が認める始発利用の高度並びに利用逓減の傾度は、おのおの財について相等しいとせよ。いま、この社会の社会的生産における総労働力が労働百単位を以て表さるるものとすれば、購買力の総和もまた同一単位数を以て表されなくてはならぬ。そこで若し両人の所得の割合が七対三であるときは、――いかにしてかかる分配の不平等を生じつつあるかはここでは問題の外におく――両人の購買力は夫々《それぞれ》七〇及び三〇である。

さて購買力七〇を獲得するAは、社会の総労働の百分の七〇を支配する力を有し、右三種の貨物に対して40：10：20の比率において需要を形成し、社会の生産秩序を規定すべく一般労働力を各種生産部門に特殊化するものとする。しかるにBは購買力三〇を獲得し、同じく右三種の貨物に対して形成する需要の比率は30：0：0であるとする。さればこの社会の総労働はx・y・zの各生産部門に対して70：10：20の比率において配分されることによつて正常なる均衡を得るであらう。この労働配分比率を支配するものは、いふまでもなく直接には需要であるが、しかしその需要を支配するものこそ社会の生産力の増減であり、所得の分配状態であらねばならぬ。最大量の福祉を挙げ得る配分比率は唯《ただ》一つしかなく、そしてその比率を維持するかぎり労働の配分は均衡状態を継続し、生産力の増進はたえずこの均衡を動搖せしめながら新しい均衡への調整を刺戟《しげき》するであらう。

若し右の場合においてA・B両人の所得平等なりとするときは社会の総労働はx・yの両生産部門に対して八〇及び二〇の割合を以て配分され、z財の生産を見ないかも測りがたい。註　だが社会における生産力の増進にしたがひ、軈《やが》てz財の並行生産を見るに至るべく、生産力の更にやまざる増進は、x・y両財に対するz財の労働配分取得比率のやまざる増大を伴はざるを得ないかも知れぬ。社会各成員の購買力の増減は絶えず各財に対するその配分比を変動せしめ、各財の社会的生産配分比は個人的購買配分比の総和より成り、それ等の箇々《ここ》のいづれよりも独立せる或るものでなければならぬ。

註 この場合にはx財の第三十一単位の費用に対応する利用がy財の第一単位の費用に対応する利用に相等しく、y財の第十一単位の費用に対応する利用がx財の第一単位の費用に対応する利用に相等しく、そしてz財の利用線は略《ほぼ》底辺に平行するほどのものと考へて見るのである。

次ぎに若し労働配分の支配力即ち購買力において平等であつて、欲望においては相同じからぬ各員より成る社会ありとするときは、社会の総労働の配分関係を明示するために些か説明を進める必要があるであらう。即ち前の場合においてA・B両人の購買力は共に均《ひと》しく五〇なりとし、両人の欲望の対象たるべき財は、Aにおいてはx・y、Bにおいてはx・y・zであるとする。そしてAはその全購買力をx・y両財に対して40：10の割合において配分し、Bはその全購買力をx・y・zの三財に対して20：10：20の割合において配分することによりおのおの最大満足を挙げ得るものとする。さうすれば社会的労働配分比は個人的購買配分比の総和より成るがゆゑにそれは三種の生産部門に対し次ぎのごとくでなければならぬ。60：20：20

そこで社会の成員たるAにとつて何等の利用も認められぬ物が一定の価値を帯びてその社会に（或はA自らの手によつてすら）生産されつつあるといふことも何等の不審はなく、

それと同時にsocial marginal utilityなどといふ思想を援用する必要もない。飽くまで個人に徹し、しかも飽くまで社会的、全体的であらうとするのである。

いまや我等は欲望においておのおの甚だしくその傾向を異にし、購買力において甚だ平等ならざる成員より成る経済社会、——即ち現実に愈《ますます》近い経済社会において、その社会的生産における労働配分の比率を規定する原理を究明すべき最後の階梯《かいてい》に到着してゐる。しかしながら翻つて考へれば、既に仮想世界の孤立人における生産秩序の想像において、根幹とその枝葉とに亘《わた》つて述べ来たつたことの余蘊《ようん》なき理解は、この問題に対する解答が悉《ことごと》く分割的に与へられてしまつてゐることを認承するであらう。

ただ残るところの問題は、一般購買力を通して指命する欲望に対して社会の一般労働力が自由に追随するとの前提が、現実においてゆるさるべきか否かの一つである。だが本篇のごときは現実の活社会を如実に描写することからは迥《はるか》に迥に遠いところに目的を有し、単純簡明なる経済静態の内面描写をめざすに過ぎず、——しかもその描写すら一葉のデッサンに過ぎぬ。そしてこれが労働価値説と限界利用説との最も素朴な、しかし最も基本的な形態における綜合の試みであることは読者も感知されてゐるであらう。労働価値説乃至費用学説が完全な自由競争を以てその学理の前提たらしめた以上、我等は右の自由について言葉を費す必要はないと思ふ。

一定購買力把持者の欲望が社会の一般労働力の一定量を完全に支配するといふことは究《きゆう》竟《きよう》的に真理であらねばならず、我等の理論においてはそれなくしては目的を達しがたい重要な思想である。社会的生産における労働はそれ自体としては永久に方向を得ないところの本原的な力である。産業の或る部門が数千百年に亘つて恒常そのもののごとく社会に存続してゐる事実は、人間の欲望の或るものが古今を通じて一定の方向を指命して渝《かわ》らぬといふことの単なる表徴たるに過ぎない。国民または世界の一切の産業を殆ど無数にまで分割し、更に愈分割せんとしてゐるものは確に人類の欲望であり、欲望は生産秩序に対する至高の規制者ではあるけれども、しかもその規制は社会の生産力の増進によつて更に規制されつつあるものであることを看過してはならぬ。

社会の総労働力と社会の総購買力とを対蹠《たいしょ》的に考へ、両者を単位数において相等しいとする想念は、購買力一単位を通して指命する欲望の支配力が一般労働力に対して平等であり、社会における所得の不平等はいかに甚だしくとも購買力は必ず労働力一単位に対応し従つて購買力それ自体には勢力の争はないといふ思想を含んでゐる。社会成員の欲望はいづれも一定不変であり、従つて社会の需要は総《すべ》ての商品に対して確定してをり、従つて社会の供給は完全に需要に適合したるまま固定してゐるところの静的平衡の調和状態を仮想するならば、所得分配のいかなる不平等を想定するとも各人の購買力はおのおのその限度において完全に社会の供給を支配し、諸貨物の相対価値はその必要労働量の上に静止してゐることを思はざるを得ないであらう。これ諸財の『自然価格』を前提した労働配分の均衡状態である。Adam Smith, David Ricardo乃至 Karl Marx の労働価値思想がその学理の前提として、或は少くとも潜在的前提として、かくのごとき配分均衡の純粋状態を否定しがたいものであると主張することは牽強附会《けんきょうふかい》の譏《そしり》に逢ふだらうか。

惟ふに古典学派が前提する自由または自由競争の意味は極めて深刻である。学者がみづから意識したよりも逈に深刻である。需要の変動に応じて資本および労働の供給が一の産業部門から他の産業部門へ自由に転ずるといふことはその一応表面の意味である。社会的生産における総労働が一箇の配分原理に遵《したが》つて或る比率をたもち、すべての産業部門に分布するといふことはその根本的の意味である。価値理論にかかはらしめて言ふと均衡理論にかかはらしめて言ふとを問はず、何にも増して重要なことは、単なる社会的分業または交換といふ事実の観察ではなくして、社会的生産における総労働の配分比に関する分析と推理とである。限界における利用の均等は個人的主観主義の消費理論における最力調点であるが、すべてに先んじて生産秩序を分析せんとする客観主義の社会的立場においては、配分素材の配分比率こそ至高の課題である。我等の理論において常に重要なものは、一箇の産業における労働需要の増減ではなくして、それを通じて把握される産業総部門の労働需要における分量上の相関的依存関係である。その相関性における正常均衡を前提することなくして、価値理論上労働説を固執すべき根拠は考へ得られない。従つて配分原理を前提せざる労働価値説の弁護は何等の意味をも成し得ない。自由競争を前提するとは労働・資本の配分均衡を前提するといふ意に帰着せざるを得ず、その配分原理はその意味および性質において、Gossen の第二法則以外の何物でもない。果してしからば限界利用理論は正当に理解された労働価値学説に矛盾せんとするもする能《あた》はず、ただその根拠を確め得たるに過ぎぬといふも過言ではないのではないか。

3

既に我等は無上の単純を期して一般の需要はx・y・zの三種の商品にかぎらるるものとし、三つの部門に分割された平衡調和の産業社会を想定し、一経済期間における労働量の総和は一〇〇、従つて購買力の総和もまた一〇〇、そしてその配分比は個人の配分比の総和より成り、そのいづれよりも独立した或《あ》るものであると考へた。いま、労働の社会的配分比はx・y・zの三部門に対してかりに70：20：10であるとし、社会の成員はA・B両人ではなくして若干数であるとしよう。

そこでこの平衡調和の需給適合状態を攪乱《かくらん》する原因が、需給いづれの側から起つたとするもよく、その原因をいかなるものとするもよいが、社会の生産力と欲望には発展も変動もなく、生産消費の総量は不変であると仮定しよう。そして例へば商品xの供給量が七五となると同時に商品zの供給量は半減したと仮定しよう。しかるときは商品xの持続的供給量を七五に維持するがために、換言すれば商品xの持続的需要量を七五に維持するがためには、その価格は『自然価格』の上にとどまることを得ず、全く同じことが商品zにおいても起つてゐるであらう。しかも恐らくはx・z両商品における需要の変動（欲望は変動せず）は同時に商品yに対する需要の変動（欲望は変動せず）を伴はざるを得ざるべく、商品yにおける供給量依然たるかぎり、ここにも価格の変動を惹起《じやつき》し、必要労働量はその規定者たるを得ないであらう。ここにおいて啻《ただ》に必要労働量か各商品の需給関係においてその価格を支配しないのみならず、商品相互の相対価値関係をも想定しないであらう。商品xの相対的過剰の持続的供給量に応ずべき需要量の持続的増加は、該商品における需要の弾力性の如何《いかん》によつて、その価格をその『自然価格』以下に比較的甚だしく低下せしめ或《あるい》は比較的甚だしく低下せしめないであらう。そしてこれがために支出される購買力の総和は正常供給に応ずる需要における購買力の総和より或は大きく或は小さいのが常であらう。しかもその購買力の総和の大小を左右するものは、該商品に対する社会の欲望の傾向——本篇においてしばらく利用形態と名づけたもの——とその持続的供給量の大小の関係のみにとどまらずして、該商品と他のすべての商品とに対する社会の欲望の諸傾向の相対的、比較的、均衡的、相互依存的関係であることを注意しなければならぬであらう。いま若《も》し商品の供給量を半減して商品zの供給量を$4\frac{1}{2}$倍したとするに、需要に弾力性なき商品における価格の暴騰はこれに集合する購買力の総和をその正常供給の場合におけるそれよりも大ならしめるであらうと同時に、他のすべての商品に対する需要の減少を意味することとなるであらう。生産の一部門または数部門に対する労働配分の異常は実はすべての部門における労働配分の異常を意味せざるを得ない。右の場合の配分における正常の破壊はx・z両部門にかぎられたる外観を呈するとはいへ、配分の問題は相関的比率の問題をはなれて存在し能《あた》はぬのであるから、商品yもまた既にその配分において正常を失つたものと言はなくてはならぬ。かくのごとくにしていまはすべての商品はその価格においてその価値（自然価格）をはなれ、その相対価値関係において労働量の規定を受けないであらう。

以上の説明は、個人または社会にとつてその総労働は同質より成ると考へられるかぎり、或は同質に還元し得ると考へられるかぎり、その各単位の価値は無差別であり、労働一単位は他のいづれの一単位に比しても均等の価値を帯びなくてはならぬといふ一応自明の理も、その根拠を次ぎの一点に覓《もと》めるのでなければ決して許容し得るものではないといふことを繰返し明かにしたであらう。曰《いわ》く、労働はあらかじめその総量において一の全体として認められ（実現される労働の総量を規定するものもまた配分原理であるが、この場合には人間の労働および他の一切の生活活動に対する時間配分の規定者として同一原理の第一次的展開が認められる。註一　労働の各単位は諸財いづれの生産にむかつても自由に方向つけられ得べきものであるといふこと是《こ》れである。即ち労働の各単位が無差別均等の価値を帯びるとし、或は価値そのものであるとする思想は、その根拠を完全に自由な一般的通用法に覓めると共に配分均衡の基本体系を予想することなくしては成りたちがたいのである。

ここで David Ricardo の余蘊《ようん》なき理解者であり従つて最もよき弁護者であると共に『旧学説の近代的改訳を提供せんとする一企図』であると称してその『経済学原理』を我等に遺《のこ》してくれた Alfred Marshall の所説の一端を引用することは頗《すこぶ》る有益であるやうに感ずる。

彼はその分配論において極めて用心深く『至難の問題を解決し得るためには之《これ》を細かに分解するに如《し》かない』といひ、『分解された各々の単純な問題は吾々の解決せねばならぬ重大困難な問題の一部を含んでゐた。吾々はこの経験を利用し、……順次歩一歩と吾々の道を切り開き、現実生活裡の労働資本の需要を支配する諸一般原因の理解に向つて進むことにしたい。』（大塚金之助訳『経済学原理』分冊四）と述べ、しかる後しづかに簡明純粋なる『仮想世界』をゑがく。

その『仮想世界』とは『各人は自ら労働補助のための資本を所有し従つて資本労働の関係に関する問題は一切起らぬ』社会。『資本の使用は極《ご》く少く資本の使用ある場合には即ち各人自ら之を所有し、自然の賜《たまもの》は非帝に豊富であつて自由且つ未占有』の社会。『各人の能力は均等なるのみならず各人の作業心も均等であり、事実に於《お》て勤勉の程度も均等』『また一切作業は不熟練作業』であり『或は寧《むし》ろ次の意味に於て非専門的であるとする――その意味とは二人の者が職業を転換する場合にはその各々は前作業者と同量、同質の作業を為《な》すとの意味である。最後に各人は他の助力を待たずして即座に販売し得るものを生産し、各人自ら之を終極消費者に売り従つて一切物の需要は直接的』なる社会。さてかかる社会において価値の原理はいかなるものであらうか。Marshallは次ぎのごとく述べてゐる。

『この場合には価値問題は甚だ単純である。物の交換はその生産に費した労働に比例して行はれる。一物の供給が不足すれば、その売価は暫《しばら》くその正常価格以上となり、その物はその物以上に生産労働を要した物と交換されるかも知れぬ。併しもしさうであるとすれば、人は、直ちに他の作業を棄てこの物を生産するであらうし、極く短期間にその物の価値は正常水準まで低下するであらう。微《かす》かな一時的変調は起るかも知れぬが、原則として或る一人の収入は他の如何《いか》なる一人の収入とも均等するであらう。言ひかへれば各人は生産される物、奉仕の純合計額、或は――吾々の言ふ――国民所得即ち国民分配分即ち労働需要を構成すべきものから均等取得分を収めるであらう。『さて一の新発明が起つてある一生産業の作業能率は二倍となり一人が要具の増用を要せずして一年間に或る種の物を二倍製作し得るに至るとすれば、この物の交換価値は以前の二分の一に低落するであらう。各人の労働に対する実効需要は少しく増加し、各人が共通の収入源流から収め得る取得分は以前に比して少しく増大するであらう。各人はその好む所により或はこの特定種の物だけを二倍取つてその外にその以外の物の旧取得分を取るかも知れず或は一切物を従前よりも少しづ、多く取るかも知れぬ。多数生産業の生産能率が高まるとすれば、共通の収入源流即ち分配分は著しく増大するであらう。これら生産業の生産する貨物は他生産業の生産する貨物に対し従来よりも著しく大なる需要を構成し、一切人の収入の有する購買力を増加するであらう。』（大塚金之助訳『経済学原理』分冊四）

右の叙述は精緻ではないが周到であり、具《つぶ》さにこれを検すれば内在批評の余地は存するかも知れないけれども、この単純にして自由なる流通経済における労働力配分の自律性は、英吉利《イギリス》経済学の伝統的表面描写を以《もつ》て巧《たくみ》に゙ゑがかれてゐる。生産力の増進に伴ふ均衡の破壊並びにその回復を調整する原理は、社会的生産における総労働の各生産部門への配分の問題を把握してゐないために看過されてはゐるけれども、しかし殆《ほとん》どその原理に相触れんばかりの描写である。本篇の目的は従来の学者がその適用範囲を消費理論の中に或は箇々《ここ》の封鎖的経済（一定の費用を投じて一建築を起すがごとき）の内的秩序の説明にかぎつてゐたところの一箇の学理を、いきなり全社会における生産秩序の説明に応用し、よつて以て価値学説史上対立する二つの思想を綜合しようとするにあるけれども、一面には右のごとき模型的経済社会（必ずしも平等たるを要しない）の利用理論的内面描写を企てるものといふも不可ないのである。そしてそれ等の目的は既述の所論において略《ほぼ》果たしたものと信じてはゐるいだらうか。この意図がそれ自体の推理においてかりに根本的の誤謬はないとしても、古典学説と限界利用学説との矛盾または調和の未決問題に対しそれが幾何《いくばく》の示唆を与へ得るかは只管《ひたすら》学者の批判に須《ま》たねばならぬ。Hohoffが言ひ、H. Dietzelが肯定し、そしてBukharinがそれを引照したごとく、労働価値説に対する反対論は実に理解力の如何《いかん》によらずして意志の如何による。労働価値説と限界利用説との対立には理論を超えた階級的反撥と意志の対抗がかくれてゐる。これ等の学理を礎として築き上げられた経済学の全体系がおのおのその階級的性質を露呈しつつあるは異とするに足らぬのである。

しかも我等はおのおのの体系の基礎理論であるところの労働価値思想並びに限界利用均等思想を抜きとり来たつて、その階級的色調を帯びざる純粋の原理において両者をつき合せ、その統合を試みようとするものである。かかる企てがいかなる実益をもたらすものなりや否やは他日の問題として残すもよいであらう。惟《おも》ふにかくのごとき企ては Bukharin の所謂《いわゆる》『理論的妥協政策』に属し、厳正なるマルキシストの最も排撃せんとするところである。いかなる理論家といへども、妥協論者或は折衷主義者といふがごときなまぬるき形容を浴びてみづからいさぎよしとすることはできぬであらう。最も純粋なもの、最も厳正なものこそ我等の希《こいねが》ふところである。にも拘《かかわ》らず我等をして敢《あえ》てこの企てを為《な》さしめるものは何であらう。Bukharin は Tugan-Baranovsky の統合説を以て何よりも『有害な』ものとなし、労働価値説を限界利用説から分離断絶すべきことを主張するけれども、労働価値説の前提として配分原理を摂取することがなにゆゑマルクス経済学にとつて有害なりや我等は理解することができない。註二 我等の意志に反して我等の理智がこの統合を認めずにはやまぬのである。Gossen の第二法則を労働価値説の中に摂取せよ。それは根拠を深めるものであり、その学理を堅固ならしめるものである。『ブルヂョア経済学』においては同法則は消費秩序乃至《ないし》物々交換論に適用されつつあるのみでその適用の最も広大なる視野は発見されずにゐる。鍵は正しく主観学派が握つたけれども彼等はそれを以て謬《あやま》つた扉をひらいたのである。我等の手にあるものは同じ鍵である。けれども我等のひらいた扉は別な扉である。——Gossen の第二法則から直ちに労働配分の原理へ。

もしも主観学派の基本法則を摂取することが労働価値説を害するものであるといふならば、厳正なるマルキシストは曾《かつ》てその労働価値説をいづれより摂取したかをかへりみる必要があるに相異ない。

註一　『いづれにしても彼を支配してゐるものは彼の全生活を掩《おお》ふところの時間配分の原理であり、そしてその生活の各種部門の内には一般的均衡の存在を思はざるを得ないのである。しかるに、Jevons の如《ごと》く、労働の継続によつて生産物の利用の逓減と労働の苦痛の逓増とが次第に余剰利用を減少せしめ、遂に極小または零に至らしめる過程を考へ、その最後の一点に均衡状態を理念するときは、労働者の全生活を支配してゐる全部的の均衡状態を描くことはできないのである。余剰の存するかぎり交換を継続し、その極小に至つて已《や》むといふ考は、余剰利用の総和を最大ならしめる極大満足の法則に基くもので、確に一の均衡思想には相違ないが、しかしこの均衡は部分的であることを免れない。若し均衡といふものがその性質上部分的に止まるべきものではなくして、全部的なものでなければならぬとするならば、快楽と苦痛との対立にのみ平衡を求めて、労働以外の生活活動と労働との均衡を不問に附してゐることは大いなる手ぬかりである。』（大熊信行著『社会思想家としてのラスキンとモリス』（新潮社版）第二篇第三項労働快楽説の経済純理への干渉）

註二　Tugan-Baranovsky の統合説は Bukharin の著書を通して窺《うかが》ひ得るのみで、直接には知ることを得ない。（N. Bukharin: The Economic Theory of Leisure Class, P. 165. 1927. を見よ）これ

に対する Bukharin の批評（Ibid P. 169以下を見よ）は見当が外れたやうである。猶《なお》、両学説統合の試みは幾多の学者によつて種々なる方法において企てられてゐるのみならず、費用法則の認容は利用学説そのものにおいても窺はれる。ただその認容の方法が我等を満足せしめるに足らぬのである。Marshall は両学説の統合を体系的に試みた最も偉大なる学者である。にもかかはらず彼の体系における配分原理の適用には明かに限界があるやうに見える。『経済学原理』第三篇第五章第一節の註（大塚金之助訳同書『分冊一』一四三頁）を見よ。これ等の箇々の統合乃至折衷説に対する批評は別に稿を改めなくてはならぬ。主観学派の交換理論に対する批評については殊《こと》にさうである。

——（一九二三・一二）——

——（一九二七・八）——

配分原理の拡充

福田了三学兄にこの小篇をささぐ。学兄の数理経済学への傾倒にたいする表敬と夏日軽井沢における輝かしい談論の記念に。

1

理論経済学において主観学派がめざましく展開したすべての理論が、拠《よ》つて以《もつ》てその出発点としたところの基本的な命題は、直ちに万人の日常経験に愬《うつた》へてその否定をゆるさぬやうな平明な事実の指摘からはじまつてゐる。ここに注意すべきは Gossen の第一法則の名によつて呼ばれるところの欲望充足過程に関する主観学派の第一命題は、すでにその中に利用概念以外に対象の客観的単位数の想定を含まざるを得ないといふ一事である。客観的に無差別な物的単位数の想定なくして利用の逓減を説明することは不可能なのである。だが迥《はるか》にそれにも増して注意に値するのは、第一法則から展開された第二法則が、決して前者の『系』ではなく、単なる延長でもないといふこと、前者は人間の心理的乃至《ないし》生理的事実を指摘するにすぎないのに、これはすでに人間行為の法則性を把握してゐるといふこと、――それのみならずこの第二法則に至つては諸享楽への共通手段たる一般素材の客観的単位数の客観的限定をあらかじめ想定せずしては説明すべからざるもの、理解すべからざるものであるといふ一事である。この一事に注意をむけることなくしては主観学説の基礎法則に新しい客観主義的表現を与へ、これを労働価値思想に摂取することは困難であらう。

限界利用均等法則にいふところの均等とは各享楽部門に配分された普遍的素材のそれぞ

れの限界単位のうへに立つところの各利用――厳密にいへばこれは何《いず》れも限界総利用である――のそれである。あらかじめ想定されてゐるものは諸享楽への共通手段たる一般素材の一定分量であり、さらにその素材の客観的単位における無差別性である。すなはちこの想定のなかには純客観的な費用概念の蛹虫ともいふべきものがすでに成育してゐる。ただ主観学派の視点は利用の限界とその均等といふ主観的な一側面に傾いて、嚮導《きょうどう》的興味を満足量の総体にのみあつめ、他の側面に遺《のこ》されてゐる客観的なものの総量とその部分量との比率の問題を全く不問に附して今日におよんで来た。我等の視点をこの遺された一側面に転じて異る角度から同法則を把握するときには、配分素材の単位を共通単位とする諸財の需要または供給の客観的数量における正常比率が問題の中心点を占め、ここに主観学派の基礎法則はあたらしい客観主義的表現を執つて配分の原理となる。

配分原理は、諸財獲得乃至諸享楽の普遍的手段としての素材、すなはち時間、労働力、原料、貨幣等が与へられたる分量として想定されたとき、その総量が欲望充足の各部門にむかつて配分さるべき比率決定の原理である。この原理は今日までのところ主観学派の体系においてわづかに個々人の消費圏内に跼蹐《きょくせき》せしめられ、その適用の最も拡充されてゐるMarshallにおいてすら、生産の個別的な内部経済の分析に役立てられてゐるにとどまるごとくであり、しかもその適用は主観的側面にのみ力調点をおくこと他の場合と異るところを見ないのである。消費乃至生産の個別的な封鎖的な内部経済にとぢこめられてゐる同法則の適用を解放して、この原理をまづ孤立経済においては生産消費の両秩序を一如たらしめる基本原理として把握し、社会経済においては需要供給の全面を照応せしめてこれを一貫する脊柱的《せきちゆう》原理として把握することは、——その方向をめざしたものはすでに存するとしても、経済学の現状においてまだ成し遂げられない一つの課題であるといつてよいのではないだらうか。本篇はともかくもこれを以て一つの課題とみなし、これにたいし暫定的に一解答をあたへようとするものである。

主観学説の基礎法則に新しい客観主義的表現をあたへ、これを労働価値思想に摂取するといふ試みは、すでにさきの小篇『配分原理』において一応これを果たし得たとする。すなはち主として価値問題にかかはらしめていふならば、配分原理はまづ一定量の共通手段が諸種の充足に具体化された形態の如何《いかん》にかかはらず、それぞれ限界単位において均等の相対価値を帯び、したがつて特殊化されたすべての財が配分素材の単位において悉《ことごと》く均等の相対価値を帯びなくてはならぬ所以《ゆえん》をたしかめるものである。一個人が一経済期間において一定量の充足素材を有するものとし、これを各消費部門に配分するものとすれば、その配分の均衡状態においては、配分素材の各単位によつて獲得される諸財の価値は彼自身にとつて均等であり、支出された素材をもつて直ちに費用と概念するにおいては、費用はここにおいてすでに価値の指標である。相対価値原理としての労働説乃至費用説の根拠は、生産共同組織としての社会の総労働力が生産の総部門に配分された比率の正常を、すなはち社会的配分均衡を前提するにある。しかるに配分の正常比率を分析し得るものは主観学派の基礎理論を措《お》いて他にもとめがたい。よつてここに両説統合の鎖鑰《さやく》ひそめりとし、飽

くまで箇人《こじん》に徹すると同時に社会的経済的総量をその出発点から把握しようとするのが右一篇の論旨であつた。註

そこでこの小篇においては右一篇の到達点をその出発点とすることなく、消費秩序の原理であるとともに生産秩序の原理であり、生産消費両秩序の統一的原理として認められるところの配分原理が、従来の経済学において事実いかに展開されてゐたか、あるひはもつと適切にいへばいかに展開されてゐなかつたか、といふ問題をまづ正面にもち来たつて、つぶさにこれを吟味することにより前述の目的に近づかうとするものである。それがためには古典学説と新学説との最も深遠な綜合のうへに立つと認められてゐるところのA. Marshall ――『新業績の助けを借りつつ現代の新問題に関聯《かんれん》して、旧学説の近代的改訳を提供せんとする一企図である』とみづから称してその『経済学原理』一巻を我等に遺したところの偉大なる綜合者の体系を討究の対象とすることは次ぎの理由によつて最も至当なものと認められるであらう。いはく第一に限界利用均等法則の説明における科学的精密性の要求がMarshallにおいて最もよく充たされてゐるのみならず、該法則を多少とも客観主義的に把握し、多くの読者の看《み》のがし易《やす》い箇処《かしょ》においてではあるが一度これを『配分の学理』と呼んだものは実に彼自身である。第二にMarshallにおいて同法則の適用範囲は現代経済学におけるその限界点を示すといひ得るまで拡大されてをり、しかもその適用に関する彼の慎重な言葉の中には、――その示唆は筆者にたいし逆方向に作用したけれども、学理の発展について重大な暗示を投げるものがある。第三に、――これは一層微妙である

が、配分原理の展開が竟《つい》に到達すべき人間生活活動の全面的均衡の思想にむかつて方向を指示するやうな極めて微妙な観察と推理の一端が、全巻のところどころに、――すでに明確に把握された思想をもつて臨まなければその思想の萠芽的な端緒を発見することは困難とおもはれるやうな軽微な筆触をもつて、点出されてゐるといふ事。この最後の一点は特殊な重要性をもつ。なぜなら配分原理の展開が必至的に到達せざるを得ないところの窮極的な、曾《かつ》て人生にたいして経済法則が適用された範囲のすべてを超えて最も広汎な限界を論ずることはこの小篇の目的のひとつであり、そしてその方向への視野を展《ひら》くべき示唆をあたへ得てゐるものが既存の述作中に存するならば、新しい推論の端緒をまづその述作の中にもとめないといふことは学問研究の継承性を滅却するものとなるからである。

そこで本篇はすべて Marshall の体系中、配分原理の適用を見たあらゆる部面の摘出からはじめ、各部分において表面上完了体として見えるところの封鎖的な内部経済の秩序が実は全体的な宏大な経済秩序の部分にすぎないといふ所以を、内在批評の方法によつて、すなはち配分原理の理論的拡充といふ方法によつて、究明することを目的としなければならぬ。ところでこの推理の中には他にもう一つの注意すべき任務が附随してゐる。これは主観学派の中心思想たる均衡理論にたいする一吟味であつて、この吟味は本篇の目的に照らしてのみならず、本篇と相関聯するすべての所説の目的に照らして最も重要なものの一つである。したがつてこの問題を余蘊《ようん》なく論ずるためには別に独立した新しい論構を必要とするのであつて、本篇においてはその必要の最小限度に論究を制限しておかなくてはならぬ。

だがその要点はかうである。主観学説のすべてに通ずる嚮導的観念は最大満足の思想であり、そしてその理論的表現の到達点は均衡説である。しかるにこの均衡説にはいまだ曽て甄別《ひょうべつ》の必要を認識されずにゐるところの、まがふべからざる二種の形態が在在してゐる。その一つを交換均衡、他の一つを配分均衡と命名するのが最も適当であらう。前者は交換行為（孤立経済の想定における労働は自然を対手とする交換行為とみなされてい､､）の継続が交換によつて獲られる利用費用の較差たる余剰利用を逓減せしめ遂に極小または零の一点に至つて停止するとする理論であつて、ここにはあらかじめ想定された経済的な総量の観念がない。いはゆる『自由なる労働者』の労働の場合についてこれを見れば、労働の非利用並《ならび》に労働収獲の利用が一方は逓増し他方は逓減して遂に労働継続線上の或《あ》る一点にその停止点すなはち均衡点を得るとするものである。またこれと二貨物交換の場合についていへば、両交換当事者間において考へ得られるかぎりの最も満足なる結果を見た場合においては双方の側における二貨物保有量の限界利用均等を見るとする。これはいかにも結果において限界利用均等法則と同じものに到達したやうな観を呈するものであるが、元来この想定は両箇の交換者が社会的に結成された一体として相互補充的な交換関係におかれたものとするのではなくして単に邂逅《かいこう》的な偶発的交換を出発点とするにすぎず、個人における経済的総量も社会における経済的総量もさらに考へられてはゐない。

しかるに配分均衡は必ず真先に経済的なものの客観的総量を前提し、これを前提せずしては経済量配分の各部門における停止点を理念すべからざるものとする。そして交換均衡の思想が労働に適用された場合には労働の主観性たる苦痛感が労働収獲の利用に対応する負数概念として必要であるが、配分均衡の思想をもつて労働の停止点を理解しようとする場合には、我等は労働の主観性を棄てて真先にその客観的な時間的延長に着眼しなければならぬ。なぜなら配分体系の最も基本的な一次的素材ともいふべきものは人間生活の全過程を制約する時間であり、人はまづその与へられた全時間を彼の諸目的のために分割しなければならない以上、その時間配分は労働時間と自由時間との各限界単位の成果が彼に齎《もたら》すところの満足を均等たらしめるやうに按排《あんばい》されなければならないといふ見解が右の問題にたいする新しい解答へ導くからである。Marshall は需要供給の一般関係に関する根本思想を W. S. Jevons の体系からとり、労働の苦痛をもつて供給に作用する一抵抗と認めてゐるけれども、労働の継続忌避にたいする解釈においては Jevons を超えたところがある。そしてその Jevons を超えた部分にこそ配分の一次的素材たる時間の配分均衡に関する思想の萠芽を発見するのである。すなはち Marshall にあつては交換均衡と配分均衡の両思想が併存してゐるのであり、したがつてこれを吟味することもまた本篇の目的に接近するために必要な一つの過程となるであらう。

註　さきの小篇『配分原理』は孤立経済の想定において第一に各生産物の客観的費用を前提し、第二に労働力の限定を前提した。この二つの前提なくして配分均衡は理念すべくもない。

次ぎに社会経済に転じた。社会経済においては第一に各商品の客観的費用を前提し、第二に社会的労働力の限定を前提した。労働力の生産方向規制者としての一般購買力を労働力と等しき広袤《こうぼう》において対応せしめた。社会成員はおのおのその所得（一般購買力）の限度において社会的労働力の方向を規制するものと看做《みな》した。各成員の購買力配分比は各商品の費用と各自における購買力の限定とを前提し、そして社会の総購買力配分比は各成員の箇々の配分比の総和から成ると推定した。しからば社会の総労働力はその総購買力の配分比にしたがつて各生産部門に配分されなければならぬといふのがその帰結である。この構想の根柢をなすものは客観的な費用の前提であり、そして従来の限界利用説と最も趣を異にしてゐるのは、その法則の適用が生産された既存の一貨物または二貨物の一定量に向はずして直ちに一経済期間における本原的手段としての総労働力に向ふところにある。描かれたものは最初から正常均衡状態であり、費用が価値の指標たる状態である。需要供給の一般関係から独立し、それに先立つて価格の実体たるべきものを客観的な費用にもとめるといふことは小篇の根本思想である。自然対人類の全線的な交換関係——生産——においてその価格たるところのもの即ち費用が、人類相互間の交換関係においてその正座を失ふといふことは究竟的《きゆうきよう》に不可能であらう。蓋《けだ》し経済均衡は人間と人間とのあひだにその最後の安定点をもとめ得べきにあらず、人間と自然とのあひだにその出発点と到達点とをもとめなければならぬからである。

2

古典学説と主観学説との綜合者として英吉利《イギリス》経済学の伝統のうへにすばらしい変容をあたへながら、なほかつRicardoの諸思想を継承したMarshallは、経済学上の新思想を同時代の同国人W. S. Jevonsから酌みとるところ頗《すこぶ》る多かつたやうに見える。後者が英吉利経済学の上に加へた最大の衝撃は、その伝統的思想にたいする破壊的批評であり、その最も激しいものは当時『法王的権威』をもつて学生のうへに臨みつつあつたJ. S. Mill並びにRicardoにたいするそれであつた。そして恐らくこの衝撃の意味をもつとも強く、しかも最も正しく、恐らく衝撃者以上に正しい把握をもつて受けいれたものは、両学説綜合の任務を負ふべく運命づけられてゐたMarshallである。

Marshallの歿《ぼつ》後発表された彼の断片の中に次ぎのやうな言葉がある。――『何等数学的習練の助を藉《か》りることもなしに数学的推理の最も滑りやすい歩道を無事に通りぬけたRicardoの天才（Millはさうは行かなかつた）は、彼をしてわが英雄の一人たらしめた。だから私がJevonsの「理論」を読んだときには彼にたいする若き私の忠誠は煮えくりかへつたのである』と。Ricardo《リカード》の権威を排撃するために毒語を用ゐることさへ敢《あえ》て辞しなかつた新説唱導者にたいし、Marshallがいかなる感情を催したかを、この断片ほど端的に語るものはない。実にJevonsの『理論』の出現は彼にとつて、――人及び科学者としての彼にとつて、一箇《こ》の試練であつた。なぜならこの劃《かく》時代的な著作はその積極的な部分においては Marshall 自身の根本思想を、――彼がすでにおもむろに抱懐しながらまだ的確に表現するまでに至らなかつた新しい観念を、めざましく把握してゐたからであり、したがつて彼は学説の発表において『理論』の著者に優先されてしまつた失意と煩悶とにうち克《か》ち、Jevons を併呑し Jevons を超えて先へすすまなければならぬ決心を要求されたからである。すなはち彼は学説発表の時期の前後の問題に触れることを避け、Jevons の地位を破壊しないやうに努め、人間として求めらるべき最も公平な態度をもつて Jevons の天才を賞揚し、彼に負ふところ極めて多い旨を明言し、嫉妬の形跡を残さぬやうに並々ならぬ注意を用ゐ、しかもなほ彼の研究の出発点と根柢とは何等 Jevons に負ふものでないといふことを間接にしかし極めて明確に示すことを忘れ得なかつた。彼が『原理』第一版の序文にその負ふところ最も多い学者として von Thünen と Cournot の名を掲げながら、Jevons の名に及ばなかつたといふ一事がすなはちそれである。彼が十分意識的にこれを為《な》し、そして彼がこの一事を一種の緊張をもつて記憶してゐたことは同じ断片中の右につづく次ぎの言葉によつて明かであらう。いはく『Academy の編輯者は、私が同じ方面の研究をしてゐたことを承知して同書の評論を依頼して来たのであつた。それからもう四半世紀経つたけれども、当時私の原稿の中にどうしても入らうとした憤懣《ふんまん》の言葉がいまなほいきいきと胸によみがへる。それは一度削りとつて更に別な形で言ひなほし、また削りとつてしまつたものだ。この論文はこの種のものでは私が書いた最初のもので、形式はいかにも未熟である。だがこれは今日私が抱懐してゐる分配理論の核心を内含してゐる。それは第一にAdam Smith, Malthus, Ricardo に基礎を有し、第二に内容に関しては von Thünen に、思想の形式に関しては Cournot に、基礎を有するものである。経済学の多くの部面において私は他のいかなる者よりもJevonsから多くを学びとつた。だが私の「原理」の序文の中でその負ふところを感謝しなければならなかつたのは、Cournotとvon Thünen とにたいしてでありJevonsにたいしてではなかつた。』と。

Marshall とJevonsとの科学にたいする貢献およびその歴史的偉大性を対比論評することはここでは少しも目的ではない。たとひMarshallのために書かれたものであるにもせよ、この点に関する J. M. Keynes 氏の論評は殆《ほとん》ど何等の斟酌《しんしやく》なしに我等の認容せざるを得ないところである。後者が経済学をもつてBenthamの快楽主義的倫理説の数学的応用にまで堕せしめようとするとき、前者は倫理学の領土から入り来たつて寧《むし》ろ経済学を完全にその倫理的色調から救ひ上げた。後者が『釜の煮え立つのを見て子供のやうに喜びの声をあげた』とき、前者は『同様に釜が煮え立つのを見て無言のまま坐《すわ》り込んでエンヂンを作らうとした。』しかもMarshall は彼の『英雄』をうち仆《たお》さうとしたJevons の誇張的な破壊的批評にたいする憤懣を辛くも抑へて、しづかにしかし断乎としてRicardo を擁護するとともに、優先者の輝かしい積極的貢献を彼自身の体系の中に摂取し、『我等が感謝を致すべき思想家にして Jevons のごとく高度にしてかつ多様なる感謝を要求し得る人は殆どない』とまで言明したのである。まさに人及び科学者として彼はその試練にうち克つたものといはなければならぬ。

経済学にたいするMarshallの言ひ尽しがたい貢献のうち、特に理論上の範域において最も著しいものは、英吉利学者の所説にしたがへば価値説の綜合、均衡理論の拡充、内部経済、外部経済、消費者余剰、需要の弾力性等の諸観念であるが、ここに本篇の目的に照らして注意を集中すべきは言ふまでもなく価値理輪の綜合に関する所説と限界および代用の附随概念によつてその思想方式が鮮かに強められたところの経済均衡の一般理論、――殊《こと》に『連続の糸』といふ言葉によつて表現されてゐるところのMarshall経済学の『根本概念』とでなければならぬ。この『連続の糸』はMarshallにおいてはいはば二筋であつて、その一つは需要供給均衡の一般理論を種々なる時の期間に適用するに当り、そのすべての適用を一貫し連結するところの糸であり、他の一つは『各種の物的・人的生産要因・要具を連結し、これらの要因・要具……の間に基本的統一を確立する』ところの糸、すなはち『分配・交換の中心問題の一切部分の骨組』を構成するところの糸である。前者をもつてかりに時間の問題を支配する糸と看做《みな》すならば後者は空間の問題を支配する糸のごとく看做すこともできるであらう。だがこの解釈は恐らく穏当ではない。――交換均衡と配分均衡の両思想が最も宏大な規模においてMarshallの全体系を構成するのであるとの見解こそ本篇の執らうとするところのものである。註

ここにおいてすでに一つの疑問を提起しておく方が便宜ではあるまいか。いはゆる経済的世界の全コペルニクス系が発見され、経済的世界の一切要素が相互平衡と相互作用とに

おいてはじめてその全体性を理解し得られたとするとも、その相互依存関係が一つの糸ではなくして二つの糸によつて連結されてゐるとするならば、そもそもこの二つの糸自体はいかにして連結するのであるかといふ疑問がすなはちそれである。一つの世界をその全体と部分との関係において平衡せしめるところの糸はそれ自体として理解され何等依存すべきものなく、他のもう一つの世界をその全体と部分との関係において平衡せしめる糸もまたそれ自体として理解され何等他に依存すべき因由がない。事実経済的世界はかくのごとく独立せる二筋の糸によつて箇々《ここ》別々に統一されてゐる二箇の世界の合計から成るのではない以上、むしろ一筋の糸――それがいかなるものであるにもせよ――によつて連結されることによりその全体的統一性と均衡とを得なければならぬと考ふることこそ妥当といふべきではあるまいか。蓋《けだ》し『連続の糸』とは要するに一箇の比譬にすぎず、その『糸』のつらぬくかぎり均衡関係は止みがたいとの意に外ならぬからである。

かく考へるとき我等は二筋の『糸』によつて経済的世界の全体をその統一的均衡にまで表現しようとする企てをもつてその所期に副《そ》はざる方法であると観ぜざるを得ないではあるまいか。Alfred Marshall の深遠な全体系にたいする評語としてはこれはあまりに大胆にすぎるものであるが、本篇はしばらく見解のうへにおいてこの立場を執り、二筋の『糸』にかへるにいづれか一筋の『糸』をもつて経済的世界の全幅を理解せんとの試みは可能なりや否やを唯《ただ》一歩瀬踏みせんとするものであるといふも差支《さしつかえ》ない。そして我等がこの目的のために採るべき道具は交換均衡の『糸』ではなくして配分均衡の『糸』でなければならぬといふことはすでに前節において若干の暗示をあたへたところである。

労働の非利用並《ならび》に労働収獲の利用が、一方は逓増し他方は逓減してつひに労働継続線上の或《あ》る一点にその休止点すなはち平衡点を得るとする Jevons の最も印象的な推理は、悉《ことごと》く Marshall の体系の中に摂取された。この推理はいづれにしても二貨物の交換に関する力学的観念を読者にあたへるいとぐちとなるものであり、需要は一物を一方へ引かうとする力、供給はこれを引かせまいとして反対方向へ引く力として観念されなければならぬ。そしてこの関係の最も原始的な想定は一個人の労働の場合であり、労働の非利用と収獲の利用との対比並びにその余剰の観念はすでに交換の本質を究明するに必要にして十分なる道具となるのである。Marshall においてはこの思想は単に交換および交換均衡の本質を軽易に説明する手段としてその推理の発端にのみ利用されてゐるのではなく、実に彼の全体系によこたはる一の根本思想をなすものと認めざるを得ない。よしたとひ快楽主義的倫理説の音調はぬぐひ去られたにもせよ、労働の苦痛感が経済的世界の一半を構成する要素として認められてゐるといふことはまさに Jevons の根本思想を継承するものといはなければならず、この場合 Marshall が彼の労働の定義の中から慎重にも『苦痛』といふ一語をとりのぞいたといふことは殆ど何等の反証ともなり得ない。彼の体系そのものが労働の非利用並びにその理論を根柢として成立し、さうしないでは成立し得ないからである。そしてその観念とその理論こそは実に Jevons が彼の『理論』の中で力強く飽くことなく繰返して力説したところのものに外ならない。

しかし我等はいま問題をこの一点にかぎつてここにとどまることはできない。この問題は本篇の主要問題が解かれなければならない際に必ず当面しなければならぬ問題として遺《のこ》されなくてはならぬ。Jevons が Marshall にあたへた最も有力な武器は他にあるのであり、そしてその武器はまた我等に遺された武器である。それはすでにひとたび Gossen によつて把握され、そして忘れられ、再び Jevons によつて発見されたものである。だがそれは一箇の武器または鍵であつて、これを何にむかつて如何《いか》に用ふるかは畢竟《ひつきよう》未決の問題である。Jevons はこれを発見したのみならず克《よ》くこれを用ゐ、Marshall もまたこれを継承したのみならず逈《はるか》に克くこれを用ゐた。——すでに述べたごとく本篇の目的は後者の体系におけるその適用の限界を究めるにある。我等はひとまづ学説創始者の著作に溯《さかのぼ》つてその思想表現の最初の形態がいかなるものであるかを見究めておくことが必要であらう。Jevons の『理論』の中には配分原理の根本観念が数学の方式をもつて示されてをり、その適用の最も宏大な局面への示唆すらもすでにその推理の発端にひらめいてゐるのである。

註　本篇の第一節では Marshall の体系における配分原理の適用は或る限界に封じられてゐるやうに述べ、そしてその限界を超えて同原理を展開することが本篇の主要目的であるかのやうに述べながら、本節では配分均衡が彼の全体系を掩《おお》ふてゐるやうに述べる。この表面上の矛盾は避けがたいものである。なぜなら彼の需要理論における配分原理の意識的適用は狭くかぎられてをり、供給理論におけるそれもまた性質上同一程度を超えぬものであつて我等は明かにその限界点を指摘し得るにかかはらず、彼の所得理論では同一原理が『代用原理』の名においてその全幅を支配してゐるのを見るからである。したがつて需要理論の内部に小さく局限されてゐる配分原理を拡充して社会的全需要の支配原理たらしめすでに所得理論を支配しつつある『代用原理』と照応せしめることによつて全経済的世界の統一的原理にまで表現することは右の矛盾を解く所以《ゆえん》であり、同時に Marshall にたいする内在批評の究竟《きゆうきよう》的力調点とならなければならぬであらう。

3

Gossen の第二法則におけると同じ思想は W. S. Jevons によつて再び独立して把握され、種々の用途にたいする一貨物の配分並びに、本篇の目的には直接関係はないが一貨物の時間的配分、更に社会における各生産への労働の配分すら一応彼自身の問題として意識されてゐる。ただ彼の数学的方法はつねに二箇《こ》の用途における最後の一増加分の利用といふ概念を通して均衡説に到達しようとするにあり、殊《こと》に労働配分の場合においては労働の苦痛感すなはち非利用の法則を導き入れて正数負数の両世界における限界的均衡をもとめるものである。

おもふにこの方法は限界利用学説をして客観価値学説との接近を可能ならしめるもののやうな印象を一部の学者——たとへば仏蘭西《フランス》の C. Gide ——にあたへたのであるが、事実はこれに反して両学説の綜合を困難に陥れた最大因素の一つである。もし試みに二学説の綜合を単にその思想の二三主要点における契合の方法——その最も嘆賞に値するものは独逸《ドイツ》のH. Dietzelのそれである——によらず、推理を辿《たど》つて全幅的に、眼をもつて触れ得るやうな一箇の体系にまで表現しようとならば、労働の主観性分析の理論はむしろこれを封じてしまふことが第一に必要であらう。蓋《けだ》しこの理論は主観学説の主要色調の一つには相異ないが、どう考へても不可欠的な、生命的な急所では決してない。しかるに客観的な等質労働量の観念に至つては労働価値思想の最も本質的な、最も強力な、断じてゆづるべからざる部分なるがゆゑである。この客観的な労働量の観念に配分原理を投射するときはじめて両説綜合の一体系が、たとひいかに素樸《そぼく》な表現態をもつてにもせよ、我等の手に帰するのである。さきの小篇『配分原理』はすなはちその試みであつた。

Jevonsにおいては社会における労働の配分がまさしく彼の意識にのぼつたにかかはらず右の綜合は全然不可能であつた。彼自身発見したと信じた新学説への愛耽《あいたん》と自負とがそれをさまたげたとするは一応の解釈であるにせよ、これをJevons一箇について言ふと否とを問はず、等質の抽象的な人間労働の観念にたいし肇《はじ》めから思想的魅力を感じないといふことこそ、その不可能についての恐らく最も本原的な致命的な理由であらう。(かく考へれば労働価値思想の否定者乃至《ないし》拒絶者——この方がむしろ愈《いよいよ》多くなる——にとつてはおよそ綜合説なるものは肇めから無意味であらう。また『ブルヂョア経済学』の根本理論を無用と断ずる労働説固執者にとつても綜合説の試みは無駄な骨折であらう。綜合乃至綜合の試みが何等かの関心をさそひ得るのは、たゞ両学説のいかなる部分かが共に奪ふべからざる真実として彼自身の理智に映じ来たるのを拒みがたき人々の、その胸奥からのみである。）

さてJevonsによれば『利用の諸原理は一貨物が幾多の用途にさしむけらるる場合我等がこれを配分する方法を考察することにより明瞭となるであらう。』一貨物にして種々異なる目的に使用されるものは、その例を挙げるに困難はない。大麦が麦酒・酒精・麺麭《パン》の原料となり、また同時に家畜飼養料となり、あるひは砂糖がそのまま食料に供せられ、酒精醸造の原料となるごとき、あるひは木材が建築材料として燃料として使用され、鉄その他の金属が幾多の方向に利用されるごとき、いづれもその例である。『しからば茲《ここ》に大麦の一定貯蔵量を所有する一社会ありと想定するにいかなる原理がこれを消費する彼等の方法を支配するであらうか。だが我等はいまだ交換の問題に到達せざるがゆゑに、孤立の一家族、もしくは一個人が然《しか》るべき貯蔵量を所有し、その一部を或《あ》る用途に他の一部を或る他の用途に供する場合を想定せよ。利用理論はこの問題にたいし理論上完全なる解決を与へる。』註

或る貨物の総量をsとし、これに二種の用途ありとすれば、この用途に充当された分量はx_1及びy_1をもつて表され、$x_1+y_1=s$となる。すでに最大満足を挙げ得るやうに配分の行はれた場合を考ふるに、貨物のさらに新なる一増加分は二者いづれの用途に充《あ》てるも同一の利用を生ずることとなる。いま貨物の一増加分を第一の用途に充当した場合に生ずべ

き利用の増加分をΔu_1とし第二の用途に充当した場合におけるそれをΔu_2とするときは、配分が完全に行はれた際にあつては$\Delta u_1 = \Delta u_2$でなければならぬ。すなはち極限において次ぎの方程式を得る。

$$\frac{du_1}{dx} = \frac{du_2}{dy}$$

この方程式はx及びyがそれぞれx_1及びy_1に等しいときに真でなければならず、そして二箇の用途における『最終利用度』は均等ならざるべからざる所以《ゆえん》を知る。この推理は任意の二用途に適用されるものである以上、『同時にすべての用途に』適用されなければならぬものであり我等はその場合諸用途の数より一つ少い数多《あまた》の方程式を提示されることとなるであらう。もし貨物の総量を挙げて第一の用途に充てるとも第二の用途に供すべき余地のない場合にあつては右の方程式は成立するを得ない。通例一用途のみの貨物といふは理論的には一用途における『最終利用度』がつねに他のいかなる用途におけるそれよりも大きい貨物といふの意に外ならない。

すでに見るごとくJevonsはまづ一貨物の一定量を所有する『一社会』を想定し、その各用途にたいする配分の問題を提起するのであるが、これをもつて交換問題に属するものなりと称して一旦提起したものを直ちに引込め、孤立人の場合におけるその説明に入つてゆく。そこで我等は交換理論に辿り入つて同問題への解答をもとめようとするけれども、一社会における一貨物の所有総量の各消費部門への『配分』の問題にはつひにめぐりあふことができない。我等が再び同じ問題に逢着するのは交換理論においてではなくして労働理論においてである。

Jevonsがその労働理論において配分の学理を手に執り直したときほど彼が重要な真理の前に直往しさうに見えたことはない。次ぎに彼の配分理論の全幅をそのまま展開しよう。――『我等は今や一国において生産される種々なる貨物の相対的分量を支配するところの諸条件を考察すべき場合に立ち至つた。理論的にいへば、我等は各人が多様の貨物を生産する能力を有し、一定の法則にしたがつてその労働を各種の仕事のあひだに分割するものと見做《みな》すことを得べく、また実際にかかる分割の行はるる場合を例示することも不可能ではない。しかし商業および分業の結果は通例個人をして唯《ただ》一つの職業を営むことを有利ならしめてゐる。そこで余は一個人に適用されるものとしてその法式を与へる。その理由はこの法式なるものは一般性質において一国民に適用されるものと全然同一だからである。

『一箇人《こじん》が二種の貨物を生産し得るものと想定せよ。彼の唯一の目的はいふまでもなく最大量の利用を生産するにある。だがこの事たるや一方二貨物の相対的利用度に依存すると共に他方二貨物生産の相対的便易性に依存する。いまx及びyをもつてそれぞれ既に生産された二貨物の分量なりとし、彼は更に多くの労働を投下せんとしつつあるものと想定せよ。しからば次ぎの労働増加分を彼はいづれの貨物に費すべきであらうか。――言ふまでもなく最大の利用を生ずるであらうところのものにである。いま労働一増加分Δlは、二貨物の増加分Δx及びΔyのいづれなりと生ずるものとすれば、生産物の労働にたいする比率、

すなはち $\frac{\Delta x}{\Delta l}$ 及び $\frac{\Delta y}{\Delta l}$ は本問題の一要素を成すであらう。しかしこれらの貨物の各利用を比較せんとならば右の符号にそれぞれ $\frac{\Delta u_1}{\Delta x}$ 及び $\frac{\Delta u_2}{\Delta y}$ を乗じなければならぬ。例へば $\frac{\Delta u_1}{\Delta x}\cdot\frac{\Delta x}{\Delta l_1}$ は第一の貨物の一増加分を生産することによつて得らるべき利用量を表示するのである。もしこれが第二の貨物にたいする同じ表現よりも大なるときはこの利用の超過を生ずるかぎり第一の貨物を作るをもつて最善とするは明かである。労働が究竟《きゆうきよう》的に配分された時において我等はそのあらゆる用途から等しき利用の増加分を得るに相異なく、したがつて極限において左の方程式を得る。――

$$\frac{du_1}{dx}\cdot\frac{dx}{dl_1}=\frac{du_2}{dy}\cdot\frac{dy}{dl_2}.$$

『この方程式が在するかぎり、労働の配分を変更し或《あるい》は悔ゆべき理由は存せず、生産されたる利用はその最大限に達してゐるのである。

『この問題には二つの未知数がある。すなはち二貨物に投じられた労働の二つの分前である。これを決定せんためには我等は右につづいてもう一つの方程式を必要とする。かりに $l=l_1+l_2$ とするも我等はなほ決定を要する一つの未知数を有する。すなはち l である。しるに労働の原則は我等にいま一つの方程式をあたへる。労働は或る仕事から受ける利用増加分が苦痛増加分と正に平衡するに至るまで継続されるであらう。これは労働の第一の用途から受ける利用増加分 du_1 が、感情の量（訳者註。正負の別はある）において、これを獲得する労働の増加分 pl_1 に等しいといふに外ならない。したがつて更に左の方程式を得る。

$$\frac{du_1}{dx}\cdot\frac{dx}{dl_1}=1.$$』

引用は聊《いささ》か長きに失した惧《おそ》れあるも、上来の所説から我等はすでに次ぎの諸点を明確に指摘することができはしないだらうか。すなはちJevonsは一社会において生産され供給される一切貨物の分量における配分比率およびその均衡が経済学の中心問題に属することを直観し、この問題の考察は重要であり、そしてこれは彼の推理の赴くべき若干到達点の一つであるといふことを感じてゐた。しかるに彼はこの問題の本質は一個人の孤立的設例の中で完全に把握し得るものと考へた。配分の学理が元来一箇の意識主体を予想するものである以上その理解においてまづ個人に即しなければならぬことは当然であり、Jevonsのいはゆる方式がその『一般性質において一国民に適用されるものと全然同一』であるといふことは究竟的に否定さるべきではない。だが我等の主要問題は同法則の箇人経済における妥当性を考へることにあるのではなくして、その本来の性質上箇人的な原理を、Bukharinのいはゆる箇人経済にのみ妥当する理論を、いかにして社会経済の理論にまで、社会的生産の全幅的な把握にまで、展開し得るかに懸つてゐる。しかるにこの問題はJevonsによつて何等の解決をもあたへられてはゐない。

次ぎにJevonsにおいては労働の総量がその推理の出発点においてあたへられることなく、その総量は正数負数の相殺点における交換均衡によつてはじめて決定されることとなり、しかもその労働量は客観的数量ではなくして主観的な苦痛感の合和である。第三にJevonsの思想を通して決して我等の看過してならない最も重大な一点――この一点こそ実に主観学派のすべてに通ずる悲むべき徴候ではあるまいか――は、彼の配分理論がその推理の出発点において諸財獲得の普遍的手段と社会的総生産の全機構を想定することなく、すでに生産された貨物の既存量の想定からのみ発足して全体系を築かうとしてゐるといふことである。――見よ、経済理論的思惟の発端たる労働配分の推理においてすら、生産部門に分かたるべき一般労働力の総量を前提せずして、その出発点に『x及びyをもつてそれぞれすでに生産された二貨物の分量なりとし』といふ不釣合を極めた想定を設けてゐるではないか。かくて彼の推理は必ず部分から出発し、方程式の増加によつてその部分を増大せしめつつ全体に到達しようとする。部分はいかに増大するとも竟《つい》にそれは巨大なる部分であつて全体ではないといふのは過言の嫌ひありとするも、彼の数学的方法が社会および全体といふ二つの目標の前に太《はなは》だしい難色のあるものであることはすでに明白であらねばならぬ。

それにしてもJevonsにおいてすでに配分理論は社会の全労働に適用されなければならぬといふ想念の最初の閃光が走つてゐることは洵《まこと》に興味であり、需給両面を貫徹する脊柱《せきちゆう》的原理としての把握はもとめがたいとしても、その到達すべき正当な方向への第一歩が示されてゐるといふことは十分注意に値する点である。よつて新学説の根本理論を悉《ことごと》く摂取したるA. Marshallにおいて配分原理はいかにその適用の方向を拡大し、また新しい取扱ひの結果としていかにその様相を更《あらた》めるに至つたか、といふ問題に移らなくてはならぬ場合となつた。その論題こそこの小篇の主要部分を成すのである。（一九二六―一九二八・九）

註　Jevons の『理論』からの抜萃《ばつすい》は小泉信三教授の名訳に拠るべきであるが都合あつて同訳書を参考とし筆者みづから拙訳を試みた。多年教授の名訳から恩恵を蒙《こうむ》りつつある筆者は茲に甚深の感謝を表したい。因《ちな》みに本篇に引用された Marshall の断片の翻訳は高島綱男教授監訳『マーシアル経済学論集』に拠るべきであるが、これも参考として拝見しつつみづから拙訳を試みた。いち疾《はや》く世に問はれた同訳書から筆者が蒙つた恩恵は至大である。Jevons と Marshall との対比における極めて印象的な一節は、Keynes 氏によつて書かれたのであるが、これは大塚金之助教授の訳文にしたがつた。Marshall の『原理』からの引用は本篇においても同教授の名訳にしたがふ事さきの小篇『配分原理』における渝《かわ》ることはない。筆者をしてはじめて Marshall に近寄ることを得せしめたものはまさに同教授の邦訳『原理』である。

4

配分原理がすでに Jevons において、一社会における総生産物の相対的供給量を支配する諸条件の究明に欠くべからざる鎖鑰《さやく》として把握され、社会的労働へのその適用さへ明かに想念されてゐたかにかかはらず、新説唱導者として彼がめざしたものは伝統的学説の破壊にあつたのであり、したがつてRicardo価値理論の半面の扃《とざし》をひらいてその限界利用理論的展望をひらくべき鍵としてこれを利用するといふことは想像もすべからざることであつた。いかにも利用説と労働説とが一見あひゆるさぬ様相を呈し、両説の歴史的並びに理論的対立がいまなほ強調されてゐることは事実である。だが前者における推理の一到達点であり且つ高次の一法則であるところの限界利用均等法則をもつて配分の学理とし、これを主観学説の全思想から捩《ね》ぎはなして我等の手中に収めつつRicardo価値説のなかに再び歩みいるときには、意外にもこのあたらしい学派の基礎的原理は旧学説に代位すべき性質のものではなくして却《かえつ》て旧学説のなかに摂取しつくさるべきものであることを発見する。Jevonsにおいてこのことが不可能であつた理由はすでに指摘された。いまや問題はMarshallである。

近代価値学説の代表的綜合者Alfred Marshallの方法は、短期長期の問題を通じて、主として価値に影響するものを前者においては利用、後者においては生産費とするにあり、価値を支配するものは利用なりや生産費なりやといふやうな平易化された常識問答においては絶妙な『鋏《はさみ》』の比譬をもつてこれに応《こた》へるものである。彼の『原理』の第九附録として独立してゐる一論はRicardoおよびJevonsの価値理論にたいする驚くべき綿密な分析的考察に充ち、それひとつのみを取つて論ずるにも一箇《こ》の論稿を必要とするであらうが、ここには我等の注意を最小限度にとどめておかなくてはならぬ。Marshall は Ricardo が利用をもつて正常価値に『絶対に不可欠』のものと確認してゐた一点に読者の注意をもとめ、もうひと息で限界利用と全部利用との区別を把握せんとするところまで接近した例証を挙げ、そして要するに利用の影響は比較的単純なため彼はその分析の必要をさとらず、したがつて生産費の分析にのみ向つたものであるとみなすのである。また同時に Ricardo が正常価値の問題において『種々の分子が相互に他を支配するのであつて因果関係の長い聯鎖《れんさ》の中で順次に他を支配するものでない』といふ事実を見うしなつた場合のあることを指摘し、Jevons についてはその『輝かしい一面偏執』を非とし、彼の命題は外見ほどに旧説と異るものではないといふ一事を摘発したのである。

かくて価値問題に関する Marshall の綜合的見解は、他方両学説の対立を完全に芟除《さんじょ》しえない事実があるとしても、多数の経済学者の満足と承認とをすでに贏《か》ちえたものとみとめられた。しかもその方法は本篇にいふところの両説綜合の鎖《さ》鑰《やく》を用ゐるにあつたのではない。綿密をきはめた彼の考察の一半はすでに表現された客観的な学理の、――いはば個人をはなれて社会的となつた Ricardo の学理の、底をくぐつて、もう一度作者の心にまでさぐり入らうとする努力であり、その嚮導《きょうどう》的興味は Ricardo 一個人の心がどれほどまで全面的な真理に近づいてゐたかといふことの立証にかたむいてゐるのである。

労働価値理論の全幅にむかひ限界利用理論の糸を完全に織りこむことによつて新しい一体系を摑《つか》むといふことは全く彼の目的の外にあつた。一面から見ればさうした単純な企図を試みるべく彼自身の体系があまりに宏大な射程と独自の諸目的とをもつてゐたといふべきではあるが、また一面から見ればさうした企図がありうべきであるといふ想念は彼の心頭に泛《うか》ばなかつたものといふべきであらう。

この最後の推定をたしかめるものとして我等は『原理』第六篇中に描かれた『仮想世界』の推理を挙げることができる。――

『この場合には価値問題は甚だ単純である。物の交換はその生産に費した労働に比例して行はれる。一物の供給が不足すればその売価は暫《しばら》くその正常価格以上となり、その物はその物以上に生産労働を要した物と交換されるかも知れない。併しもしさうであるとすれば、人は直ちに他の作業を棄ててこの物を生産するであらうし、極《ご》く短期間にその物の価値は正常水準にまで低下するであらう。微《かす》かな一時的変調は起るかも知れぬが、原則として或《あ》る一人の収入は他の如何《いか》なる一人の収入とも均等するであらう。』と。

この単純な商品生産社会において盲目的に作用する平準化の推理の中に限界利用説の介入すべき余地は指示されてゐるだらうか。産業の各部門における需要供給を同時相関的に正常均衡状態におくものが労働の自由なる移動性であり、その均衡の存するところ労働のみひとり交換価値の支配者であらねばならぬとすれば表面上利用理論の立ちいるべき隙《すき》はどこにも遺《のこ》されてゐないのである。ただその正常均衡の破壊されたる状態においてのみ利用が交換価値の支配者たるべく作用しはじめるとするものがMarshallの思想である。しからば正常均衡状態における利用の作用は屏止《へいし》すると解するのが正しいのであるか。

何人もこれに然《しか》りと答へうるものはない。しからば正常均衡状態における利用の作用はいかにしてこれを理論的に表現しうるのであるか。——ただその均衡の利用理論的分析によつてのみ。そもそも需要供給の正常均衡乃至《ないし》適合とは何であらうか。経済学においてもつともしばしば耳にするところの、そしてすべての初学者がその意味を疑はぬところの、もつとも簡明な、あたかも言葉そのものが直ちにその意味するところを言ひつくし得てゐるやうな需要供給の適合とは、そもそも何であらうか。この言葉が決して平易でも簡明でもないといふことは、すでに限界利用学派にさきだつ学者、——たとへば Karl Marx のごとき学者の指摘するところである。彼はいふ、『需要と供給との不均衡、及びそれに伴ふ市場価格と市場価値との不一致を認めるのよりも容易なことはない。本当の困難は需要供給の均衡とは何かといふことを決定する点に存する。』と。かくいふ Marx がこの点に関していかに興味ある論述をなしつつあるか、そしてその論述が、本篇の中心観念であり本篇と関聯するすべての論述に共通の観念であるところの配分の理論といかに深く照応するであらうかはいまここに言及すべき場合ではない。註

Marshall においては『仮想世界』の叙述が英吉利《イギリス》経済学の伝統的表面描写に終始し、商品の交換はその生産に費された労働に比例して行はれるとの一命題の成立に必要な前提たる正常均衡の全面的理論的解明が不問に附されてゐる。しかるにその解明こそ配分原理の援用を必要とするものであり、したがつてその援用こそ当面の場合についてこれをいへば、労働価値理論の全幅にむかつて限界利用理論の糸をすきまなく織りこむといふことに外な

らないのであるまいか。Marshall における価値問題の取扱ひが、いはゆる綜合的であるにもかかはらず、価値学説のなかに未決問題ありとの一般的印象（その事例を列挙することは頗《すこぶ》る容易である）が綺麗にぬぐひとられないといふのも綜合者たる彼の純粋な理論的世界において、分つべからざる一体としてのあたらしい綜合体系をもとめえないといふことに基くのであるまいか。しからば問題は次ぎに移る。

註　『本当の困難は需要供給の均衡とは何かといふことを決定する点に存する。』といふMarxの言葉は『資本論』第三巻第二篇第十章（高畠素之訳改造社版資本論第四分冊一五七）から引用した。同章は『資本論』全体を通じてもつとも精細に需要供給の適合の意味が解明された部分であり、それは要するに配分均衡の一分析であるといつてよろしい。ここにはその中から次ぎの一節を引用するにとどめよう。――

『市場に存在する諸物品の量と此等《これら》の物品の市場価値との間には、単に斯《こ》ういふ関聯が存在するだけである。即ち、一の与へられたる労働生産力基礎上に於《お》いて、特殊の各生産部面で一定量の物品を造るには一定量の社会的労働時間を要する。尤《もっと》も、この比例は、生産部面の如何《いかん》に従ひ全く相異なるものであつて、生産品の有用性即ち生産品の使用価値の特殊性質とは何等の内部的関聯にも立たない。他の一切の事情が不変であるとして、或る商品種類のa量がb労働時間を要するとすれば、na量はnb労働時間を要する。……けれども、社会的の一物品に支出される社会的労働の総量、換言すれば社会的総労働力の中からこの物品の生産に利用される可除部分、即ちこの物品の生産が総生産の上に占める範囲といふ一方の事実と、社会がこの一定の物品に依つて充たされる欲望の充足を要求する範囲といふ他方の事実との間には、何等の必然的関聯も存在せず、ただ偶然的の関聯が存在するだけである。……けれども若《も》し、或る一定の物品の生産に利用される社会的労働の範囲が、充たさるべき社会的欲望の範囲と一致し、斯《か》くして生産品の量が、需要不変なる場合に於ける通例の再生産の標準と一致するに至れば、商品はその市場価値通りに販売される。商品がその価値通りに交換され又は販売されるといふことは、商品間に均衡を与へるところの合理的基礎たり自然法則たるものである。』(高畠素之訳前掲書一五四―一五五、傍点は大熊)これは社会的総労働の配分比が社会的総需要の配分比と対応するところの均衡関係に関する、幾分舌足らずの憾《うら》みある、しかし間違のない論述である。だが Marx の価値法則と配分法則との関係を特に Marx 自身の言葉に即して論究するにあたり我等が真先に手を伸ばすべきものは『哲学の貧困』である。――その前半の主要問題こそまさしく配分均衡の問題ではあるまいか。一八六八年七月十日附の彼の Kugelmann への書簡もまたこの問題に強烈な光を投げあたへる。(河上肇編纂マルキシズム叢書第十冊『原文対訳唯物弁証法』一七七以下を見よ。この書簡は河上肇著『資本論入門』第四分冊の中に全面的に分布されてゐる。なほ改造社版経済学全集第一巻三四、五三、殊《こと》に五七―五九、二七七―二九三等参照。)配分法則は Marx によれば永久の必然的な合理的『自然法的』である。この『自然法則』が社会主義的経済秩序において事実上いかに規範的なものに転化すべきかの問題は実に興味がある。本篇ではこの興味に触れることをえない。

5

学説綜合の鎖鑰《さやく》としての配分原理が、綜合者たるMarshallによつてその目的のために利用されてゐないといふことは明かとなつた。そこで遺《のこ》された問題は右の目的に適用されることとなくしてなほこの学理は彼の体系のなかにいかなる役割を果たしつつあるのであるかといふ一点に集まる。簡潔にいへばMarshallにおける配分原理の適用範囲如何《いかん》。

『原理』第三篇『欲望とその満足』は、第三章に及んで主観学派の基礎的諸概念をあたへ、利用逓減法則はこれを『価格の用語に言ひ改め』、需要価格、需要表、需要法則の説明に及ぶ。この研究が価格統計の視点から取扱はれるに至つて需要の弾力性なる観念が明確となるのであり、利用逓減法則の性質に関する研究は価格現象を通してはじめて精緻な分析に到達しえたといつてよろしい。この法則がすなはちGossenの第一法則である。Marshallが章をあらためて第二法則の叙述にうつるとき、彼は第一法則の説明において到達した価格現象の一面的分析を去つて再び原始的な孤立経済の想定を試みる。我等の注意が緊張せざるをえないのはこれからである。配分原理の命題的叙述を伴ふ最初の例解、その適用の意義と方向とに関する見すぐしがたい著者の見解等が見いだされるのは悉《ことごと》くこの一章の中である。題して『一物諸用途の選択、即時使用と延期使用といひ、冒頭直ちに次ぎの例解を起す。――

『原始的家婦は一年の羊毛収穫から僅か数ハンクの糸を得たのを知つて、家庭に於《お》ける衣服の欲望を悉く考慮しこの糸をこれらの欲望に配分して能《あた》ふ限り家族の福利を助長しやうとする。その配分を行つた後に若《も》し仮りに肌着を少なくしてもつと靴下に用ゐればよかつたと悔むやうならばこの家婦は失敗したと思ふであらう。之《これ》は何を意味するかと言へば、この家婦が靴下及び肌着のそれぞれの製作を止める点を誤算したこと、家婦が肌着の場合には製作の度を過し靴下の場合には製作の度が足りなかつたこと、従つて家婦が事実上製作を止めた点に於《おい》ては靴下に化した糸の利用は肌着に化した糸の利用よりも大なりしことを意味するであらう。併し若し之に反し正に止むべき点で止めてゐるとすれば、靴下と肌着とを作る数は丁度その宜《よろ》しきを得て、靴下に用ひた最後の糸束と肌着に用ゐた最後の糸束とから等量の善利を得たことになるのである。右は一の一般原理を例解するのであつて、この一般原理は次のやうに言ひ表してい、――

『或《あ》る個人が数用途に充《あ》て得る一物を有するならば、彼はその物をこれら用途の間に適宜配分してその物が一切用途に於て均等の限界利用を有するやうにするであらう。蓋《けだ》し若しその物が甲用途に於て乙用途に於けるよりも大なる限界利用を有するならば、彼は乙からその物の若干を取り去つて之を甲に充用するを利とするからである。』

この最初の例解と命題の叙述とは一見温和であるが用意すこぶる周到である。おもふにこの例解はのちに至つてあたらしい推理の端緒をひらくにあたり再びくりかへさるべき予想をもつて設けられたものである。すでに見たごとくJevonsにおける配分原理は『一国において生産される種々なる貨物の相対的分量を支配するところの諸条件を考察すべき場合』の説明の鎖鑰として認められ、その推理の展開はきはめて薄弱であつたにせよ、学理の表現は数学的に鋭い形を執り、そしてそれは価格の用語を必要としなかつた。Marshallもまた価格生活の外にその最初の例解をとつたが、これをおしすすめて貨幣経済の説明にまでみちびくためには、ほぼ次ぎのやうな順序を経なければならぬ。

第一に『自由交換の殆《ほとん》どない原始経済の一大短所』は、一個人が一物を多量に持ちやすく、ためにこれを一切用途に充用するも各用途における限界利用低きにすぎ、同時に彼は他の一物に欠乏し、ために彼にとつてその限界利用高きにすぎ、しかもその反対の事情のもとにある隣人との交換によつて互《たがい》に十全な調節を行ふことは困難であるといふ点にある。貨物の種類が多数となり且つ高度に特化するに至れば、資力をその各用途に配分して限界利用を均等ならしめるに必要なものはすなはち貨幣の自由使用である。そこで『貨幣経済に於ては、支出の各費目について支出停止の限界を適宜調節し、もつて各費目に於ける一志《シリング》分の財の限界利用を均等ならしめるやうにするのが即ち理財に長ずる所以《ゆえん》である。』と。

すなはちMarshallの『原理』第三篇の需要理論に於ける配分原理の最初の取扱ひは、まづもつて個人的消費経済の指導原理であるかのやうに、『原始的家婦』の羊毛配分や現代の『若夫婦』の家計簿のなかに例解を示すものである。『経済学上の法則は直接法で言ひ表す傾向叙述であつて命令法で言ひ表す倫理的指令に非《あら》ず』とは彼自身の序文のなかの一句であるが、人間行動の必然的な、普遍的な合理法則たる同法則の解説のなかに幾分か命令法的音調が附帯したとて必ずしも咎《とが》めるにはあたらない。学説の創始者 H. H. Gossen においてはそれが経済的当為の最高規範たるかのやうな音調するどく、彼の思想をくみとるところ最も深しと称せられる R. Liefmann においてなほその響の残存するのが感じられる。ともかくも我等はすでに Marshall の右の叙述から次ぎの事項を学びとつた。

いはく配分原理は自然経済における人間行動の秩序法則であるのみならず貨幣経済における人間行動の秩序法則であるといふこと、――逆にこの法則は貨幣経済においてのみ我等を支配するのではなくして自然経済においてもまた必然的に人間生活を支配せざるをえないといふこと、――したがつて配分原理は総体としての人間行動の必然的合理的法則性を把握する以上、それはまづ一個人の経済的な内面秩序のなかからそのもつとも単純な形態が抽象されうべきものであり、この一個人のなかに発見される必然的合理的法則は、個人の結合たる社会の生産秩序のなかに発展せざるをえないものであらうといふこと是《こ》れである。そして若しこの推論がゆるされるならば、次ぎのことも恐らく真実であらう。――社会的生産のあらゆる歴史的形態は、配分原理の作用すなはち配分過程を通してのみそれぞれの特質が解明されうべきものであるといふこと、――だがこの問題は本篇の目的とするところではなく、本篇と関聯《かんれん》する他の小篇において余蘊《ようん》なく論じられなくてはならぬものである。そこでは Karl Marx がそれは『総じて廃除されえざるものである』といふところの『自然法則』としての配分原理が論題の一中心となるであらう。蓋しMarxにおけるこの法則の把握は、何等内面的分析を加へないところの、もつとも明確な、もつとも客観的なものであり、それは人類の全歴史をつらぬく『自然法則』としてあらゆる社会的生産に前提されてゐるのである。——Gossenが経済学上のコペルニクス的発見と信じたものもMarxによれば『どんな子供でも知つてゐる』ほどの自明な事実らしくさへ見える。註

だがいまは当面の問題にむかはねばならぬ。我等はすでにMarshallによつて意識的に論及されたところを超えようとしたのである。彼が意識的に論及した題目とは何か。特に著者の言ひまはしに近い言葉をもつていへば、配分原理の適用はいかなる方面に重要でありいかなる方向に重要でないかといふにある。おもふにMarshallの体系に於ける配分原理の適用限界を指摘することは、その点に関する著者の註解が存在するにかかはらず、——いな或《あるい》はかへつてそれがために、一つの困難をよこたへてゐる。その困難あればこそその討究が本篇の主要目的の一つとなりうるのである。或る場合の彼の言葉にしたがへばその適用の方向と限度とは明かにかぎられたかの観がある。しかし他の場合の彼の言葉によればその適用のもつとも宏大なものがすでに把握されてゐるかの観がある。最後に彼の言葉をはなれてその全体系を見れば、配分均衡はたしかに経済的世界を横につらぬく一筋の『連続の糸』である。そこで最後の問題は、Marshallにおけるこの学理の適用は、本篇にいふごとき意味において、彼の襞《ひだ》多き体系のなかにその作用を説きつくされてゐるか否かに懸かる。これにたいする窮極的な答はすでに一端を示唆したとほり否である。

おもふに貨幣経済における一個人がその所得額を各種費目に配分し最大の満足を挙げるやうに計慮するといふことは、明かに消費秩序の問題であり、この一点に疑《うたがい》はない。しかるに『原始的家婦』が羊毛の年収穫からもつとも満足な成果をえようとして、これを彼女の家族に必要な二三種の衣類制作のために配分すべく計慮をめぐらすといふ問題になると、これを消費秩序の法則と認むべきか、生産秩序の法則と認むべきか、軽々に断じがたいもののあることをすでに感ずる。疑問は単なる命名の上に存するのではない。この原始経済においては消費と生産とは一箇《こ》の統一物としていまだ分裂を見ず、両者の対立を見るをえないのである。これを敢《あえ》て両分して論ずるとなれば、ただ配分の法則は両秩序を直線的に一貫しこれを一如たらしめるところの唯一の基本法則であるといはなければならぬ。

この原始経済を支配するものが消費の秩序原理たる配分であるといふならば、その配分はまた直ちに生産配分の支配原理であると認めざるをえない。実にこの一点に経済学の静学的理論の全展開を一望のもとに集約すべき扇眼があり、理論経済学の基本体系が未然のままに蔵せられてゐるところの胚子がある。しかるにこの一点にふれて、説明上に或る困難を感じたかのやうに脚註をほどこした Marshall の言葉ほど奇妙なものはなく、本篇の目的にとつてその言葉ほど慎重な吟味に値するものはない。それは小さい文字で印刷された註であり、きはめて軽易な筆触をもつて述べられた数行である。だがこの数行は、Marshallの全体系における配分原理の適用がいかなる方向をとり、いかなる限界にとどまるであらうかを、著者みづからの言葉によつて語るものであるとすれば、きはめて重要な数行である。いまその『原始的家婦』の羊毛配分の例解に副《そ》へられた脚註をかかげれば全文左のとほりである。――

『元より右の例解は本来寧《むし》ろ家庭生産に属するものであつて家庭消費に属してゐない。併し之は殆んど避け難かつた。蓋し諸用途に用ひ得る直接消費物は極めて少ないからである。又諸用途に於ける資力配分に関する学説の応用は、供給科学に於て重要且つ興味多いのであつて、需要科学に於ては左迄《さまで》重要でなく興味も少ない。例へば第五篇第三章三を見よ。』――この短い脚註の吟味がいかに重要であるかは、以下述べるとほりであるが、ここに第五篇第三章三とは代用原理がはじめて叙述された部分であり、したがつてMarshallにおいては代用原理と配分原理との甄別《けんべつ》は必ずしも明白でないことを示すものである。この問題は後段において更に一層慎重に論究さるべき意義をもつであらう。

註　理論経済学の史的発展のなかで、配分均衡乃至《ないし》配分法則の観念は、最初生産消費の適合乃至均衡といふ思想のなかに内在してゐたといつてよろしい。したがつてそれは経済学とともに古い。だがこの観念は徐々に明確な形態を執り、David Ricardoに至つて恐らくはじめて『原理』の名をもつて呼ばれた。彼の主著第四章を見よ。――『我々が大都市の市場に目を注いで、趣味の変易又は人口の増減から起る需要変動の様々な事情の下に於て、内外貨物の供給が、その要求せらるる数量に於て規則正しく行はれ、而《し》かも供給の過剰より起る飽充といふ結果をも、供給が需要に及ばぬ為《た》めに起る非常なる価格騰貴といふ結果をも、頻々惹《ひ》き起こしては居らぬことを観察すれば、我々は資本を各職業に正しく配布するの原理が、一般に想像せられてゐるよりも更に其《その》作用を逞《たくまし》うしてゐることを容認しなければならないのである。』(岩波文庫小泉信三訳、『経済学及課税之原理』七〇―七一、傍点は大熊。――ここに配分 apportion といふ語が同一章のなかで無雑作に一回は『分布』、一回は『配布』と翻訳されてゐることは注意に値する。このことは経済学における配分の観念が、まだ一般学者にいささかも印刻されず、したがつてその語の翻訳にあたつても不注意に流れざるをえないことを示すものだからである。) Adam Smith においては、競争による需要供給の適合、生産消費の均衡を論ずるあらゆる箇所に、資本配分、したがつて労働配分の観念を認めうるといつてよろしい。配分理論は本篇において繰返していふごとく配分総量の観念から出発するが、『諸国民の富』冒頭第一行にいふところの『各国民の年々の労働』はすなはちその配分総量である。

Ricardo における配分の観念がさらに明確な徹底的な形態をとるに至つたのは Karl Marx である。その例証を彼の著作からとるよりも本篇第四節註に挙げた Kugelmann 宛の書簡からとる方がよい。論述が簡単で明快でしかも力強いからである。――『一年といはず、たゞ数週間でも、労働が停止されたなら、如何《いか》なる国民でも死んでしまふだらうことは、如何なる子供もよく知つてゐる。また種々なる欲望に適応する諸々の生産物の数量は、社会の総労働の種々なる、且つ量的に規定されたる数量を必要とすることも、誰でもが知つてゐる。社会的労働を一定の割合に配分することの斯かる必然性は、決して社会的生産の一定の形態によつて廃除されるものでなく、むしろたゞその現象の仕方を変ずるのみだといふことも、分りきつたことだ。自然法則は総じて廃除されえざるものである。歴史的に異なつた状態のもとで変じうるのは、かの法則が自らを貫徹するところの形態のみである。そして、社会的労働の聯絡が個人的な労働生産物の私的交換として行はれてゐるやうな社会状態のもとで、労働のかかる比例的配分が自らを貫徹するその形態は、正にこれら生産物の交換価値である。……ブルヂョア社会の本質は、生産の意識的な、社会的な、統制が先天的に決して行はれないといふことのうちに、正に成り立つ。合理的なもの及び自然必要的なものは、盲目的に作用する平均としてのみ自らを貫徹する。』(河上肇著『資本論入門』第四分冊二七六—二七七、傍点は大熊。原文の傍点を取除いたのは紛らはしいためである。博士の御寛恕を乞ふ。これを博士の編纂にかかるマルキシズム叢書第十冊『唯物弁証法』から引用しないのは、訳語に相異を発見したからである。博士は同書において Verteilung を『分配』と訳し『入門』において『配分』とあらためられた。しかしこれが旧経済学の四分法にいはゆる分配と区別するための用意に出たものでないことは、博士の新著『大綱』がすべて右の分配をも配分といひあらためられたのを見れば明かである。だが本篇の筆者は一九二二年以来本問題にいふところの distribution, Verteilung を配分と称するを適当と考へ、分配の観念と混同する危険を避けるのを賢明であると信じてゐる。原語において同一のものも、その用所により全く概念を二様にする場合、——殊《こと》にその概念の一つが科学の基礎概念として次第にその重要性を認められて来た場合において、これを二

6 様に訳出するといふことは何等の不都合をも来たすものでない。いなその反対である。この意味においてMarshall『原理』の邦訳者大塚金之助教授が夙《つと》に配分の意味におけるdistribute 乃至 distribution を『振当』或は『配布』と訳し、近時に至つて殆ど全部『配分』と改訳されたことは、もつとも肯綮《こうけい》にあたる。本篇の意味における『配分』の語は、筆者の知るかぎり非常に早く福田徳三博士によつて用ゐられた。福田徳三著『経済学全集』第一集四九五を見よ。なほ逆にこの配分を、たとへば英訳するにあたつて、distribution を避けるとすればいかなる語を用ふべきかの問題は後段にゆづる。『配分学説史』考参照。）

すなはちMarxにおける配分法則は、あらゆる社会的生産の歴史的形態においてそれぞれその形態をつらぬいて作用するところの、一の必然的にして、合理的な『自然法則』である。経済法則が歴史的法則であり、一の形態から他の形熊への聯絡の、一の秩序から他の秩序への推移の法則であらねばならぬとすれば、かかる非歴史的な配分法則が、Marxにとつて経済法則たりえないのは当然である。我等はいま必ずしも経済的と自然的との名称の区別に拘泥する必要を見ない。Gossen の法則がMarxのいはゆる『自然法則』と内面的関聯性をもつ所以を指摘するのみで全く十分である。『マルクスのロビンソン物語』参照。

さて右の註釈は三つの意味をふくむ。第一に『原始的家婦』の羊毛配分は本来むしろ家内生産に属し家内消費に属しないとの見解。第二に需要理論において適用さるべき同原理の例解が適当な実例に乏しく、やむなく供給論における適用の例解を転用したといふ弁疏《べんそ》。第三に——これは第一の見解における誤謬から必然的に生じたところの拡大されたる誤謬であるが、配分原理の適用は需要理論において重要でもなく興味も乏しく、供給理論において重要でもあり興味も多いとの見解である。

まづ第一の見解について吟味を要する。『原始的家婦』の封鎖的自足経済は、それ自体一箇《こ》の統一物であり、生産、消費の両秩序は同一の意識主体によつて一箇の全体として先天的に統制され、双方は互《たがい》に一方の反照として簡明に一貫された相互依存関係におけるものとして理解さるべきものである。しかるにその羊毛配分を指して家内生産に属し、家内消費に属せずといふは、これを指して家内消費に属し家内生産に属せずといふと全く同一の一面的偏執に坐するものではあるまいか。事はきはめて些末《さまつ》なるに似てゐるが、配分原理の作用を両秩序の綜合のなかに認めようとする本篇の目的からすれば到底看過すべからざる一章である。

次ぎに第二の弁疏は第一の見解における一面偏執の結果であり、不必要の弁疏である。すでに前章に『水は先《ま》づ飲用として必要であり、次には料理用として、次には各種洗濯用その他に必要である』といふ好箇の例解が有する以上、一応著者の立場にたつとしても意味をなさぬ。羊毛配分がここに例解として用ゐられてゐるのは、著者のかかる弁疏にもかかはらず、他に確然たる目的のあるがためであり、その目的とはさきに一言したごとく、後に至つてあたらしい推理の端緒を供給理論のなかにひらくにあたり、再びこれをくりかへさうといふ用意にあるのである。すなはち Marshall は配分原理の最初の引例をその需要理論のなかで試むべきときにあたり、かへつて供給理論におけるその例解に好適な実例をこれにあてた。このことはいささかも弁疏を必要とすることではない。

第三に配分原理の適用方向に関する Marshall の見解は、これを需要理論に興味なしとし、供給理論に重要なりとするものである。かかる見解が発生した根源はすでに第一の見解のなかにわだかまつてゐる。だが配分原理が『供給科学』にのみ重用された一面偏執の具体的様相はいかなるものであらうか。それこそは配分原理が技術的乃至《ないし》私経済的視点によつて変容を蒙《こうむ》つてしまつたところの『代用原理』である。代用とは生産上不適切な手段に一層適切な手段をおきかへることである。生産者は箇々の場合にもつとも適切にあらゆる生産因素を選択按排《あんばい》し、より安価な方法があればこれを代用しようとたえずつとめるであらう。社会もまた高い価格を課する割合に能率の低い企業を排し、これに他の企業を代用する。すなはち代用原理は『一切の線を横断する一線』たる有利性限界のあらゆる点のうへに作用し、『殆《ほと》んど経済研究の一切部面に亘《わた》つて』適用されるものとなるのである。かくて Marshall における配分原理は価値問題解決の一鎖鑰《さやく》として認められず、また経済学の体系構成上需給綜合の原理としても認められてゐないのにかかはらず、事実において配分均衡の『連続の糸』が彼の体系を全面的に一貫することとなる。本篇に残されたもつとも興味ある問題の一つが配分、代用の両概念についてその異同を究明することにあるのはこれがためである。

最後に配分原理の適用に関するMarshallの『供給科学』への偏執は、その反面に『需要科学』への不当の軽視をともなつてゐる。いかにしてかくのごときことが起り得たか。かかる見解を生じたのもまた第一の見解における認識の欠乏に帰すべきものであるが、いまこれを彼の『需要科学』における適用に即して簡単に説明することが必要である。若《も》し配分原理が貨幣経済における一消費経済の秩序の説明のみに、たとへば『若夫婦』の家計簿の例解のみにとどまるならば、その適用が『左迄《さまで》重要でなく興味も少ない』といふことはMarshallの言葉のとほりであらう。だが彼の『需要科学』における配分原理の適用が『左迄重要でなく興味も少ない』のは、ただ彼が第三篇において当然なすべきであつた同原理の重要にして興味ある適用を発見しなかつたのにすぎない。彼はGossenの第一法則についてはこれを『価格の用語に言ひ改め』需要価格、需要表、需要法則の説明におよび、これを価格統計の視点から取扱ふことによつて需要の弾力性なる観念を明かにし、よつてもつて同法則の性質を余蘊《ようん》なく究明した。しかるに見よ、第二法則の説明においては何等これを社会的に展開することなく、単に個人経済の内的秩序の説明を試みたのみで満足してゐるではないか。第二法則の説明には第一法則の説明以上に精緻なしかも現実的な理論の展開が可能でもあり必要でもあつたにかかはらず、彼は社会的需要の相関性に関する一章を社会的需要の弾力性に関する一章と対照せしむべく設けることをしなかつたのである。

蓋《けだ》し社会的需要の弾力性とは、一商品の需要の性質に関する観念であり、利用逓減法則の一層精緻な現実的な理解であるが、社会的需要の相関性に至つては、あらゆる商品の需要の相互依存関係に関する観念であり、そしてこれを説明すべき一切の理論は疑《うたがい》もなく配分原理によつてその根柢を支へられてゐなければならぬ。『需要科学』における需要の相関性なる観念の重要さは、弾力性の観念におけるそれを逈《はるか》に超え、これなくして『需要科学』は『供給科学』に対立するを得ないのである！

一切の商品にたいする社会的需要の相関性を Marshall に代つてここに展開することはこの小篇の目的ではない。需要法則は一商品の需要量がその価格によつて決定する所以《ゆえん》を明かにするものであるが、需要の相関性乃至需要配分の法則に至つては、あらゆる商品の需要量が相互に他を決定するところの依存関係にある所以を、すなはち一個の商品にたいする社会的需要は他のすべての商品にたいする社会的需要と関係せしめずしては完全に理解すべからざる所以を、——それは必ずや全体と部分との相関性においてのみ完全に把握しうるであらう所以を、明かにするものである。さきの小篇『配分原理』は収穫法則乃至供給法則を停止し費用を前提するといふ素樸《そぼく》な方法においてではあるが、経済的総量の観念から出発して社会的総需要部門における需要の相関性に関する理論を明かにした。再びここにその体系を示唆する必要はないであらう。

以上 Marshall における配分原理の適用範囲に関し、一般読者のきはめて見のがしやすい一個の脚註をとりいだし、これにもとづいて『原理』の諸部分をかへりみつつ、若干執拗な吟味を試みた。その結果、Marshall における配分原理は主として『代用原理』の名において供給論に適用され、均衡観念をとほして彼の体系に一貫性をあたへたことがわかつた。しかし需要論においてはその至当な適用と展開とが全く忘れられ、『原始的家婦』の設例もいたづらに供給論に転用されたのみで有効な発展を示しえないのを見た。若しそれが適当に展開されたならば当然『需要の相関性』なる一章が加へられ、そしてそれは供給論における同一原理と全面的な相互反照をなすべきであらう所以をも考へた。

代用原理については、それが配分原理の供給科学における異名であること、しかしこの異名は企業者的な視角から同原理を把握した結果として生じた異名であり、したがつて代用と配分とは無雑作に同一の概念であるといひがたいこと、両概念の異同を論究することこそ本篇の興味ある課題の一つであることを一言した。Marshall 経済学の基本的特徴として彼のいはゆる代用原理がいかに広汎な適用をその体系のなかに示しえてゐるかは、すべての読者の知る通りである。だが配分の概念がなぜ代用の概念によつておきかへられなければならないかについてはすべての読者はその理由を明かにすることをえない。需要理論においてはじめて説かれた配分の学理が供給理論に適用されるにあたつてこれを代用の原理といひあらためたときほど Marshall が無雑作であつたことは曾《かつ》てない。だがこの無雑作は彼の経済学の階級的性質を決定するうへにおいて重要な一焦点でなければならぬ。若しこの二つの概念の異同を窮極まで論じないならば、Marshall の体系を内在的に批評しようと企図しつつある本篇の目的は徒爾《とじ》に終るであらう。

そもそも配分を指示する法則は二つある。一つは利用法則、他は収穫法則である。配分者はこの二大法則のあひだに介在し、両者の指示のもとにつねに極大満足の法則にしたがふものといつてよろしい。収穫法則を停止し、費用を一定せしめて配分の学理を説くをもつてその理解への第一歩とする。利用法則を停止し、利用を一定せしめて配分の学理を説くをもつてその理解への第二歩とする。最後に両法則を作用せしめつつ配分の均衡点の一線を描破するをもつて同学理への基本的な理解の完了とする。この理論はまづ封鎖的な自足経済の想定においてもつとも簡明に説明しえられるのであり、社会経済の理論がその基点においてこの孤立経済の理論を否定すべき理由は決してありえない。消費と生産とが分裂し両経済の単位がそれぞれ独立した別箇の内的秩序を有するときは、これらの単位における経済配分は一は主として利用法則の指示のもとに立つものとして理解され、他は主として収穫法則の指示のもとに立つものとして理解される。この説明には両者いづれも価格を前提するのである。だが価格理論は事実において両箇の経済に別々に作用しつつある二大法則にもとづき社会的経済配分の正常均衡を前提することによつて成立するであらう。価格の同時相関的な均衡性は観念しうるとも、数学の方法によらずしてこれを明確に表現しえない所以はここでなければならぬ。

いま配分原理を代用原理の名において『供給科学』に適用し、その作用を個々の生産経済のなかから説きはじめ、その社会の一切部門にわたつて聯絡《れんらく》せしめるときには、いはゆる『有利性限界』のあらゆる点において切り合ふものは利用法則でなくして収穫法則でなければならぬ。だが経済学の理論にとつて必要なものは到底この一面のみではありえない。『有利性限界』のあらゆる点は『需要科学』においても個々の消費経済の配分線のなかからその社会的な全線にまで聯絡せしめられなければならぬ筈であり、そのあらゆる点において切り合ふものはいふまでもなく収穫法則と対照さるべき利用法則である。この『需要科学』における社会的配分が『供給科学』における社会的配分と照応せしめられぬかぎり、理論経済学における配分原理の包括的な且つ意識的な仕方をもつてする徹底的叙述はありえない。か丶る仕方をもつてする配分原理の叙述こそは本篇及びこれと関聯するすべての論述に共通の基本的特徴をなすものであり、そしてこれはSir William Petty以来の経済理論の根柢に漠然と存在しながら、しかも一度も一箇の学説として十分意識的に取扱はれたことのなかつたものを、――一つにはGossenの法則にかへりみ、一つにはKarl Marxのいはゆるすべての歴史的形態をつらぬくところの廃除すべからざる『自然法則』の意味を考へることによつて、明確な取扱ひ易《やす》い一箇の学説としてその適用の無比の広汎性を論じようとするものである。我々の学説は二つの側面をもつ。主観的側面は直ちにGossenに通じ、客観的側面は直ちにMarxに触れる。それが価値理論において両説を綜合せざるをえないのはむしろ自然の数である。註

だが我等の当面の問題はMarshallである。彼は配分についてはこれに『原理』といふ言葉を適用することなく、ただ代用にのみ――しかも時には『代用の大原理』とまで称した。すでに一言したごとく代用は配分が厳密に純理論的なるに対し、私経済的、技術的概

念たるにちかい。同一事物を把握するにもその視点と方法の如何《いかん》によつて一は限界利用均等法則となり他は配分原理となることはすでに見るごとくであるが、おなじく客観的に把握された配分原理も、これを生産者の技術的視角から臨めば変容して代用の原理と化するのである。問題は命名のうへにとどまるのではない。把握の方法がこの原理を道具として何をなしうるか、何をなしえないかを決するがゆゑにこそ、我等の注意はこの一点に集まる。おもふに Marshall の興味ははじめから彼の体系をつらぬくに代用原理をもつてするにあり、配分の説明はむしろ代用の理解への軽易な道筋にすぎなかつた。『原理』各篇の執筆順序が完成された状態における順位と全く違つてゐたといふことをここで想ひあはせることは無意味ではないであらう。我等は Marshall『原理』における代用原理の適用を、更に接近して観察すべき場合に到達した。

註　労働価値説と限界利用説との調和または矛盾の問題について、Ricardo と Marx を分離して論じなければならないといふ考方がある。（Tugan-Baranowsky）この考方によると Ricardo と Jevons との説は何等現実的矛盾にあるのではなく却《かえつ》て両説は互に支持しあひ、また論理的相関性を形成してゐる。しかるに Marx の学説と限界利用説とは事実において一致しえないといふのである。この考方の根拠は労働価値思想を相対的労働価値説と絶対的労働価値説との二つに断然分離し、後者の中に前者の論理的延長を見るのは太《はなは》だしい誤解であるといふ意見を強調するにある。だが Marx 自身は価値、貨幣、および資本に関する彼自身の理論が、その基本的特徴において、Smith, Ricardo 説の必然的な継続的発展であることを証明した一批評家にたいして自ら満足の意を表してゐる。ところで Marx のいはゆる『絶対的労働価値説』を Gossen の法則と調和せしめるのに、彼の理論が Ricardo 説の必然的発展であるからといふ廻《まわ》りくどい理由を必要とするのでは少しもない。Marx の価値法則が『自然法則』としての配分均衡を前提するといふことこそ右の調和のために必要にして且つ十分な条件である。ここに両学説の調和とは、同一事物に関する二様の理論的把握における内面的関聯性の論証を意味し、それ以上に出てはならぬ。それは Bukharin のいはゆる『理論的妥協政策』などといふものとは凡《およ》そ全く無関係のものである。これをもし『妥協』と呼ぶ者があるならば、理論にたいする彼の関心は一箇の疑問である。ここに残る問題は Gossen においては彼の法則が箇人の内的法則性の把握にあるに反し、Marx においては個人は直接問題となることなく、はじめから社会的生産における均衡性が把握されてゐるではないかとの問題である。だが、これは決して超えがたい溝梁《こうりよう》ではない。なぜなら『あらゆる人間史の最初の前提は、勿論、生きた人間的個人の存在である。従つて、先づ第一に確め得る事実は、これら個人の肉体的組織と、それによつて与へられるところの彼等の外界自然に対する関係とである。勿論、吾々は此処《ここ》では人間自身の生理的性質や……その他の諸関係を論ずることは出来ない。凡《すべ》ての歴史の記述は、これらの自然的な基礎から、及び歴史の経過中に人間の活動に依つて加変された自然的な基礎から、出発せねばならぬ。』(『唯物的および観念的見解の対立』一八四五年、マルクス、エンゲルス〔前出『唯物弁証法』四二―四四、傍点は大熊）そしてGossenの法則こそは疑もなくMarx，Engelsが右にいふところの『生きた人間的個人の存在』『個人の肉体的組織』乃至『人間自身の生理的性質』等の『自然的な基礎』のなかから発見されたのであり、それは『基礎』そのものであるといつてよいからである。――Tugan-Baranowskyの及び腰の一半的調和説が意味なきものであることはすでに明白ではあるまいか。

（一九二六――一九二八・一二）

配分学説史考

第一　『配分』の語辞並びに日本経済学の現状における用語上の混乱について

経済学上もつとも新らしく、そして隠約《いんやく》のあひだにはその成立もつとも古く、そしてもつとも重要な観念は、配分観念である。かくいふのは、過去二世紀に亘《わた》る科学としての経済学のあらゆる理論的体系の批判によつて得られる一つの究竟《きゆうきよう》的な結論である。茲《ここ》にあらゆる学派の理論的体系と称するもののなかには Marx 経済学を当然包括する。それはそれひとり配分学説を独占しえないのみならず、それひとり配分学説史のなかから遁《に》げ出すこともできない。それはいくつもの配分学説のなかのひとつであり、代表的なもののひとつであり、そしてのちに述べるごとく他の代表的なもののひとつと対照されなければならぬ。

経済学が一箇《こ》の科学であるならば、科学には発見、発展、修正、顚覆《てんぷく》等があるのみで、独創はあり得ない。個性や独創が貴ばれるのは、文学、美術その他の芸術的分野においてである。いまや芸術の分野においてすらこのことは一つの疑問である。もしも科学の世界において個性的なものや独創的なものが、――すなはち個人の性格に即してのみ理解さるべきものが、何等かの価値を帯びてくるやうな風潮の見えはじめたときは、それは科学が科学たることを罷《や》めるときであり、あるひは少くとも何等かの危殆《きたい》に臨みつつあるときである。『経済学の領域において働く人はすべて』と Alfred Amonn 教授はいふ、『自己の以前に又は自己の傍《かたわら》において成就せられてゐることに留意せずに、自己の独自の体系を建設するといふ習はしが過ぐる十年間に拡がつて来た。かくのごとき習はしは粉砕されねばならぬ。耐久力ある学的建築は、一ダースの又はそれ以上の碩学《せきがく》がそれぞれ独自の体系を建設するといふがごとき方法によつては決して生ずるものではない。』——これは一九二三年代の独逸《ドイツ》学界における発言である。しかるにこの発言は書物全体とともに最近日本語に翻訳され、そしてそつくりそのまま日本の経済学の現状に適応するやうに見える。

ここに配分観念が新らしいとの意味は、その学説の成立または法則の発見が新らしいとの意味ではなくして、箇々別々に成立し発展してゐる諸学説を目して同一真理(或《あるい》は仮説)の種々なる表現であると認める一つの方法が新らしいとの意味である。配分観念はそれらの諸学説を或《あ》るただひとつの角度から理解することによつて得られたところの一箇の綜合的な観念である。新らしいのは発見そのものではなくして、箇々の発見を統一しなければやまぬところの包括的な意識的な仕方をもつてする取扱ひそのものである。いな、かかる取扱ひは経済学の現状において、いまだ何人によつても試みられたことなく、今日以後に期待されなければならぬ。

配分観念は、経済学が科学として成立すると同時に、そして事実上あらゆる学派の体系を形成する脊柱《せきちゆう》として、存在し来たつたといつて差支《さしつかえ》ない。だがこの脊柱は、時として触知すべからざるものとして内在し、時としては鮮かな或る法則として一体系の全面を掩《おお》うてゐる。すなはちその存在の様相に至つては互《たがい》に極端に相異し、その或るものは表面的には不明瞭であつて、それを単独に切りはなして把捉するさへ容易ではない。これ配分学説の綜合的な取扱ひを困難ならしめる第一の事由である。第二の事由は第一の事由と無関係のものではないが、その発端は一層内面的である。人々は労働価値説と限界利用説との決定的背反を過信し、両説綜合の一学理を認容しようとしない。しかるにこの理解と認容となくしては、箇々の体系のなかに配分学説の潜在を看破することは殆《ほとん》ど不可能である。Amonn 教授は痛切にもいふ、『十二たびも同じことが、そしてさうは云《い》つても何時《いつ》も幾らか違ふことが打建てられると云ふことが問題ではなくてすべての人が同じ建物で働くのが重要なのだ。しかしながらこのことは、各人が自己の以前にその分野において働いた人々の肩に乗り、又自己と同時にこの建物で働いてゐるすべての人々と手を伸べ合ふときの外は可能ではない。ただこの方法によつてのみ、吾々の領域においてもまた他日、維持し得ると同時に完成された建物が出来上るであらう。』と。現代の経済学がその遺産のすべてを顚覆して、全く新らしい地盤のうへに、全く新らしい建築物をつくりあげることを任務としないかぎり、——別言すれば、すでに出来かかつてゐる基礎建築を修理し、且つその上層を築き上げることをもつてその正しい目的とするかぎり、我等にあたへられた任務の一つは、それぞれの目的とする範囲において謬《あやま》るところのない幾つもの推理を、さらに新らしい一視角から照らすことによつて綜合的に理解することが可能ではないかどうかをたしかめてみることでなければならぬ。それに反して経済理論のいくつもの分立と対立との理解が、その発生の根拠としての立場の相異を指摘することによつてのみ、簡単に性急に片付けられてしまふときは、理論そのものにたいする我等の嗜好《しこう》性は歪《ゆが》められ遂に破壊されてしまふのみならず、いはゆる立場の相異そのものを鋭き対照にまで導いてゆくことさへ不可能となるであらう。

ここに配分学説とは、上述の意味において、労働価値思想並びに限界利用思想を、同時に一つの角度から互に反照せしめることによつて、相矛盾する二大学説としてではなしに、相並立する二種の配分学説として綜合的にこれを取扱はうとする立場から生じたところの全く新らしい名称であり、そしてその名称はのちに述べるやうな一定の意味内容を指示するものでなければならぬ。この新名称は必要である。蓋《けだ》し一つの新らしい科学的概念は、かならずそれを表象すべき、他と紛れざる語辞を要請するからである。といつて配分といふ語辞が今日迄《まで》の経済学に存在しなかつたのではない。それはMarxの価値論のなかにあり Jevons の価値論のなかにある。ただ敢《あえ》ていふならば今日まですべての学者はこの語辞そのものに注意しなかつたのである。ここに「注意」とは、この語辞が両者において全く同一の意味に用ゐられてゐるといふ事実への注意であり、さらに肝要なのは両者ながらこの語辞を用ゐてそれぞれ一つの法則を説いてゐるといふ事実への注意である。そしてその法則とは、Marx においても、Jevons においても、ともに労働の配分に関する法則であるといふ重大な事実への注意である。なほさらにつけ加へてこの労働配分の法則は Marx においても Jevons においても、ともに均衡の法則であるといふこと、したがつて労働配分の均衡に関する法則が両者によつて把握されてゐるといふ事実への注意である。この均衡をいひあらはすのに、前者は客観主義的に労働配分の『正しき比例』といひ、後者は主観主義的に『最終利用の均等』といふ。ともに労働配分の学説であつて、ただ一方は客観主義、他方は主観主義の理論をもつて、同一事物を把握するものたるにすぎない。いふまでもなくこの配分は、種々なる欲望にもつとも適応するやうに、生産諸部門にたいして合理的に総労働を按排《あんばい》充当する意味であり、旧経済学の四分法（生産・分配・交換・消費）にいはゆる分配とは全くその意味を異にし、またその理念を異にするものである。

　しかるにここに不幸にも、配分の観念は従来の経済学において曾《かつ》て独立してその重要性を認められることなく、その用語において悲むべき無頓着を呈しつつ今日に及んで来た。すなはち配分は、英語でも独逸語でも、旧経済学の四分法にいふところの分配をいひあらはすと同じ語辞（distribution, Verteilung）によつて表象されつつ何人によつてもその不便を指摘されることなく、むしろ同一語辞の二様の用法の存在することすら多くの学者の注意を惹《ひ》くことなくして今日に及んで来た。このことは配分観念の重要性が確認されずにゐる事実を告げるのみならず、その確立を妨げつつある因由である。これを日本経済学の現状について見るに、事情は一層特殊的である。日本の経済学は一言にしていへば西洋からの輸入物であるが、旧経済学の四分法にいはゆる分配は、最近の一二例を除く外、用語上に立派な統一の存することはすべての人の知るとほりである。しかるに配分に至つては、これと前者と区別せず全く同様に分配と称するものの外、その用語に統一を見ず、『配分』『按排』『振り当』『割宛』『割振り』『分布』『配布』『按配』『按排充当』『配当』等々、殆ど列挙に暇なきありさまである。かかる不統一は、泰西諸国において分配と配分とが同一語によつていひあらはされてゐると同様に、配分観念の確立を妨げつつある一つの因由であるが、しかもなほ一面から見れば、原語において同一のものも意味の如何《いかん》により分配と区別して訳出されなければならぬといふ用意の雑多なるあらはれであり、したがつて全く無意味のものではない。今日以後の問題は、原語において同一であるもののうち、四分法にいはゆる分配の意味ならぬ distribution, Verteilung の訳語を、同じく分配とするか、それとも訳出を二様にして後者を何と一定するかの問題である。しかるに一方、経済学の四分法にいふ分配並びにその系統に属する概念をいひあらはすのに、最近『配分』の語辞を突然使用しはじめた学者の出てきたことは、さなきだに統一なき用語をさらに紛乱せしめる原因となつた。すなはち状態は泰西諸国に比して一層わるい。その極端なものは、従来の分配またはそれに近いものを却《かえつ》て配分と称しここにいふ配分をあべこべに『分配』と称する例すらある。その憂ふべき一例として土方成美博士『経済学総論』(日本評論社版現代経済学全集第一巻五一二）を見よ。

科学的作業は自己封鎖的な独創的作品の形成ではなく、協同的な――もつとも綿密に協同的な、客観的な理論的世界の建設である。その本来の性質が非個性的なものであり、その非個性的な、その一般的なところに、存在の根拠がある。もし一科学の分野において科学者が互に基本概念を共有することを拒否し、同一の語辞によつて同一の内容を指示することを互に忌避するならば、両者のあひだには真に科学的意味における論争さへ不可能である。Amonn 教授が痛切にもいひあてた『新しがり屋の体系作り』が科学と文学とを穿《は》きちがへたかのごとく、自己封鎖的な独創の世界をつくりあげ、彼以前の研究にたいしても、彼の周囲の研究にたいしても、不当に懐疑的な態度を装ひつつ自己の体系への外部からの検討者が全く第一歩から吟味してかからなければ検討がしにくいやうな形態において——その検討の困難は学説の精緻や深刻からくるのではなくて、ただ経済学の基本観念と共通性をもたぬ新語を濫造することから生ずる理解の上の面倒さにすぎぬ——自己を護《まも》るといふこと、さらにすすんでその独創性を主張するといふことは、科学の発達にとつて最悪の風潮である。Amonn 教授はいふ『かくのごとき習はしは粉砕されねばならぬ』と。——しかり『粉砕』されねばならぬ。かかる『新しがり屋』がかりに一ダース集まつたとて、科学が彼等から期待すべき寄与は、ありうべくもない。科学の真正の軌道は、彼等とは無関係に、彼等をおきざりにして、さきへすすむであらう。

旧経済学の四分法にいはゆる分配の語辞は、すでに日本に近代経済学が輸入されて以来、幾十年のあひだ、すべての学者によつて、決定的に一定の意味に用ゐられ、したがつて経済学の書物のなかでは、この用語は右の概念を表象する場合にのみ使用されて来てゐることはすでに述べたとほりである。科学上の重要な基礎概念がそれぞれ一定の用語によつて表象され、その使用上に統一がなければならぬといふ一事は、あらゆる科学の分野に通ずるところであるが、それは科学研究の協同性のために不可欠の条件である。このことがすべての学者によつて慎重に護られてゐる場合に生ずる直接の利益は、学術書の研究並びに科学上の論争に際し、表現およびその理解における各自の労力と時間との多大の節約が所期されるといふ点に存する。――かくも判《わか》りきつた、説明するさへ恥かしいほどのことを、一言しなければならぬといふのは、右にいふごとくわが日本の経済学の近時の風潮が、かかる発言を必要とするほど用語上に勝手気ままな乱脈を呈しつつあるからである。その研究態度において峻厳人をして襟を正さしむるほどの河上肇博士さへ、その科学上の用語を理由なくして変換せられるのを見れば、わが学界における右の風潮がいかに普遍的なものであるかを知るに足るであらう。博士の新著『経済学大綱』（改造社版経済学全集第一巻）を見よ。そこでは四分法にいはゆる分配が悉《ことごと》く『配分』と化してゐるではないか。これは一体何のことであるのか。経済学上の一基本観念を指示するために久しく用ゐられてゐる一つの決定的な用語が、かくも無意味に――しかり実に無意味である――かくも無雑作に、一言の断りもなく、変更された事例が他にあらうか。もし万一、配分の語感は分配の語感よりも何かしら新味を感じさせるから、その方に更《か》へようといふやうな理由で変更されたのだとすれば、その動機の非科学的にして文学的なるに驚かざるを得ない。もしまた近時分配を配分と改称するすばらしい独創家があるのを認め、博士もその独創家の用法に追随しようといふのであるとすれば、我等は唖然としていふべきことを知らぬ。

もし右の用語の変革について我等の想像を超えた何等かの理由があるとするならば、希《こいねがわ》くは博士の説明を期待したいものである。不思議にも分配を配分といひ改めること、配分といへば分配のより新しき意味であらうといふぐらゐに考へることが、実に不思議にも、日本の経済学界の風潮となりつつあるのではあるまいか。この風潮がどこから生じたかは追つて突きとめる必要があるが、いまこの風潮に囚はれた一事例として東京帝大の本位田祥男教授によつて試みられた或る評言を挙げることができる。教授は改造社版経済学全集の構成にたいし至当な批評を加へられたなかで、特にその特殊理論が多項に分れ、それぞれ担当者を異にするために生ずるであらう不統一を予見し、その起り得べき極端な場合として『価格論で限界効用説を聞き、配分論を労働価値説でやられては、八幡《やわた》知らずの藪《やぶ》へ入つたやうなものである』といはれてゐる。おもふにこの言葉は、おのづからにして二種の見解を露呈する。その一つは配分とは分配のことだらうといふ至極簡単なる見解。——これが右にいふ不思議なる風潮の一事例である。他の一つは限界利用説と労働価値説とは決定的に矛盾した学理であるといふ通俗的な見解。——しかるに配分理論はそれ自体が直ちに分配理論ではありえず、配分観念は分配観念とは全然別箇の、独立した新しい観念である。この観念は、経済学上相対立する二大学派において暗々に通ずるところの根本思想を、新らしい視角から綜合的に把握することによつて肇《はじ》めて明確に打建てられた観念であり、それ自体のなかに両学説の均衡理論を融合しつつあるのである。したがつて本位田教授のいはゆる『八幡知らずの藪』を切りひらくものこそ実に配分理論であり、それ以外のものではない。——かく断言するのは、私が右全集中の『配分理論』の執筆担当者であり、そしてそのなかの私の出発点は相対立する二学説の綜合にあるがためである。

私はまづ日本学者のあひだにおける配分と分配との用語上の根拠なき併用と転用と顛倒《てんとう》との日に日に著しき発展にたいし一警告を発せざるを得ない。かかる用語上の乱脈が乱脈のままに放置されてゐるかぎり、配分と分配との混同と混乱とは、果てしなきものとなるであらう。我等にとつて必要なことは、第一に従来の四分法にいはゆる分配をいまさら『配分』といひあらためる無意味な風潮にたいする抗争であり、第二に配分といふ用語によつて本篇が指示しつつある一概念を表すために用ゐられてゐる沢山の語辞のただひとつへの統一である。そのただひとつが決定的にここに使用しつつある配分でなければならぬといふ根拠はもちろんない。『按排』『振当』『配布』等々、いづれでも統一さへうれば結構である。ただ我等が語辞を決定するにあたつて顧慮すべきことが三つある。——その一は何がもつともよく内容を表象しうるか。その二は何がもつとも語呂において快適な響きをもつてゐるか。その三は何がもつとも他の用法との紛らはしさを免れてゐるか。おもふに『按排』または『按排充当』こそ、もつともよく内容を表象したものであり、他の用法との紛らはしさの危険を免れてゐるものである。この言葉は別に厭《いと》ふべきニューアンスもなく、耳に響いて他の漢字を聯想《れんそう》せしめる惧《おそ》れもない。『分布』は地理学的乃至《ないし》生物学的な使用からのニューアンスがあり、『配布』は音調弱く『会員ハ毎月雑誌ノ配布ヲ受ク』等々の用法に適し、『振り当』は何等かの役割の振り当てのごとくではないとしても、本来『ふり』と『あて』とのやまとことばが結合した熟語であつて、さらにこれに漢字の熟語をむすびつける必要のある場合に不適当である。『割り振り』もまた全くこれと同じ。『配当』に至つては直ちに『利益配当』の聯想をともなふ。

最後に『配分』は分配を顚倒せしめたといふ簡単さにおいて、あまりに芸のなさすぎる憾《うら》みがあるが、もともと日本語字典のなかに存在する語辞であつて、日本語としての使用上そのいづれが新らしいかは不明なほどである。語感においては『按排』につついで鋭く且つ重味を有するものである。この両者を比較するに、たしかに『按排』はもつともよく内容を表象するものであり、合理的な諸行動の意識的、統一的過程が指示されてゐるが、ただそれが或る数量の取扱ひであるといふことを表象する一点において幾分欠けるところがあるやうに感じられる。これに反して『配分』は、すでに『分』といふ一字のなかに数量的なものを聯想せしめ、殊《こと》にもつとも重要なのは、すでに総量の予想を内含してゐるといふ一事である。配分には期せずして総量の前提がある。この一点こそ、他のすべての用語をあきらめてこの一語を採らしめる最後の理由となりうるのではあるまいか。しかも配分観念を明かにするために当然必要とされる附随的な諸概念を表象する熟語の構成にあたつても、この一語は語感においてもつともすぐれたもののやうに感じられるのではあるまいか。熟語の構成とは、いはく『配分者』『配分素材』『配分総量』『配分過程』『配分比率』『配分量』『配分部門』『配分起点』『配分期間』『配分均衡』等々。

しからば日本経済学におけるこの用語例の歴史は奈辺まで辿《たど》りうるであらうか。他の多くの問題に関する場合とひとしく、我等はこれを福田徳三博士の旧著にまで溯《さかのぼ》らなければならぬ。おもふに博士の諸著は、日本の経済学における科学的情熱の最初の火華であり、源流であり、出発点である。実にこのことは小篇配分学説史の序説における一用語上の問題においてすら、除外されうるものではない。我等は福田博士の『経済学講義』において、すでに分配と配分との用語上の意識的な区別の最初の樹立を見る。この区別はいふまでもなくMarshallの原語におけるdistributionが、二様の意味を有するといふ事実からして、その用所によつて二様の訳出を試みつつ読者にまみえようとの用意に出られたものであるが、それがために博士の工夫せられた語辞こそは、すでにさきに掲げた『按排』であり、そして殊に注意すべきは、この『按排』がその見地によつて支出の場合たると収得の場合たるとにより、一は『按排配当』他は『按排収得』といふ如《ごと》く綿密にも瓢別《ひょうべつ》せられた用意である。爾来《じらい》かかる用意は経済学の分野において再び見ることをえずして今日に及んだ。しかもなほ興味の尽きざるものは、右の『按排』とともに、その同義異語としてただ一度『配分』といふ語辞が使用せられてゐる事実であり、本篇の筆者はこれをもつて日本経済学における『配分』の——分配と意識的に区別された意味における『配分』の——最初の用語例としてここに銘記せんと欲するものである。法学博士福田徳三著『経済学全集』第一集四九五頁を見よ。

Marshallの『経済学原理』の訳者大塚金之助教授は、その最初の旧訳以来、原語にdistributionとあるもののうち、配分を意味する場合はこれを配布、振当等の語をもつて訳出し、分配と截然《せつぜん》区別するの用意を執られた。さらに近時に至つて配分と改訳し、全巻に統一をあたへられたことは、もつとも肯綮《こうけい》にあたる。訳書の索引へ新たに配分観念のすべてを抽出するの労を執られたごとき、まさに一つの貢献である。本篇の筆者は、慮《はか》らずも一九二二年十月、経済学研究の発端において、この科学の全領域における配分観念の無比の広汎性を発見したと信じて以来、これを分配と区別して表象するために、配分といふ用語を択《と》るのを適当と感じ、この問題に関する最初の思索を直ちに小さな体系——その体系がすなはちさきの小篇『配分原理』である——と諸学説の批判とにまとめあげ、恩師福田先生にお送りしたとき、その幼弱な論稿の表題は『生産力配分の原理』であつた。この配分といふ用語は何等の考証なしに、おのづと念頭に泛《うか》んだものにすぎなかつたけれども、いまにしておもへば、この用語は当時すでに先生の『経済学講義』のなかに存在したこと右に述べるとほりであつて、かかる無意識の使用は、この典拠から来たものと解するを至当と感ずる。

もし本篇にいふ配分観念が将来幸《さいわい》にして学界の認容するところとなるならば、この綜合的な観念を表象するための科学上の用語が、再び混乱と顚倒とにおちいることなく、決定的に配分となるであらうことを切望せざるを得ない。すなはちその反面には、ここにいふ配分観念以外のものを表象するのに同一用語を使用することを封ずるとの意味をふくむのである。一つの科学が箇々の科学者によつて別々に封鎖的に建設さるべきものであるといふ考が非常な謬見である以上、およそ科学者は科学の伝統的用語を慎重に取扱ひ、その用語例を無闇に破壊するをもつて、科学研究の協同性にたいする一つの攪乱《かくらん》であるといふことを互に承認し、互に誡告《かいこく》することが必要ではあるまいか。これ経済学をして、多数のではなく、真に一箇の科学たらしめ、過去および現在の科学者たちの協同の成果として、これを次ぎの時代におくるために、すべての研究者が執らねばならぬ唯一の態度ではあるまいか。泰西学者のあひだに、分配と配分との両概念の用語上の区別が、工夫されることなしに今日に及んだといふ事実は、一つには両概念が全く互に独立した概念であつて用語を同一にするとも誤解に陥る憂ひは存在しないといふ心強い事実を証明するともいへるが、一つには用語選択上の彼等の怠惰であるといふこともできるであらう。——その反対の一例として現に Ricardo のごとき、右の両概念の表出に二つの用語を使用するだけの用意を怠つてゐないことは、のちに述べるとほりである。——また最後には、右の事実はさきにもいふごとく、配分観念の重要性が確認されてゐないといふ事情にもとづくのであつて、よしたとひ今後本篇にいふごとき綜合的な配分観念が認容せられるにしても、いまさら distribution, Verteilung 以外に他の語辞を使用するがごときは、或は望むべからざることであり、したがつてその観念をいひあらはすためには、右の語辞に何等かの語辞を結合せしめるといふ方法を執るよりほかはないのかも知れぬ。これを思へば、すでに分配と区別された『配分』その他の語辞を有し、ただその統一を須《ま》つのみである日本経済学の現状の方が、用語上において一歩泰西に先んじ、且つよりよき便宜を永久にもつものであるといふも決して過言ではない。この発端はすなはち福田徳三博士の著作のなかにあるのである。

Karl Marx のごときは、のちに述べるごとく、配分観念の確立にもつとも寄与するところの多い学者であるが、不注意にも配分と分配とをともに Verteilung と称したがために、彼の研究の比較的初期に属する作品においては、免るべくもない混乱が仄《ほの》見《み》えてゐる。たとへばその『経済学批判序説』の第二節『分配、交換、消費に対する生産の一般的関係』

（マルクス『経済学批判』河上肇閲宮川実訳二七―二九）を見よ。その混乱については、本篇の第四節が簡単に指摘する。

この点においてもつとも賞讃に値するものは、David Ricardo である。彼の研究の中心問題は『分配を規定する諸法則』の確立であつた。したがつて distribution の語義は経済学上唯《ただ》一つであり、それは四分法にいはゆる分配である。彼はいふ『土地の生産物――労働と機械と資本との結合投下によつて、土地の表面から取得される一切のものは、共同社会の三階級の間に分割（divide）される。土地の所有者、耕作に必要なる Stock または Capital の所有者、およびその労力によつて土地の耕される労働者が即《すな》はち是《こ》れである。だが社会発達の異なる段階においては地代、利潤および賃銀なる名称のもとに、これら諸階級のそれぞれに割当（allot）てらるべき土地生産物の全比例もまた大いに異るであらう。そしてそれは主として土壌の現豊度、資本の蓄積と人口と、および農業上に用ゐられる熟練と工夫と用具との如何《いかん》に依存するものである。この分配（distribution）を規定する諸法則を確立することこそ、経済学における主要問題である。』と。かくいふ Ricardo がたまたま配分を論ずべき場合にあたつて分配（distribution）といふ用語を完全に避けたほど至当なことはない。

配分の観念は経済学の歴史とともに古く、恐らく十七世紀の英吉利《イギリス》人Sir William Petty にはじまり、仏蘭西《フランス》人 Boisguillebert においてもつとも明確に把握され、さらに Benjamin Franklin, Sir James Steuart を経て Adam Smith に至る。Adam Smith においては、競争による需要供給の適合、生産消費の均衡に関説するすべての推理のなかに、その観念は普遍的に内在してゐたといふべく、（配分理論は配分総量の想定から出発するが、『諸国民の富』の冒頭第一行にいふところの『各国民の年々の労働』はすなはちその配分総量でなければならぬ）この観念は徐々に明確な形態を執り、遂にRicardoに至つて恐らくはじめて『原理』の名をもつて呼ばれたのである。実に一つの観念が明かに意識の表面にあらはれたときは、すなはちその観念が名称を必要とするときであつて、Ricardoはいみじくもこれを『資本配分の原理』（the principle which apportions Capital to each trade）と呼んだ。彼の主著第四章を見よ。――『我々が大都市の市場に目を注いで、趣味の変易又は人口の増減から起る需要変動の様々な事情の下に於《おい》て、内外貨物の供給が、その要求せらるる数量に於て規則正しく行はれ、而《し》かも供給の過剰より起る飽充といふ結果をも、供給が需要に及ばぬ為《た》めに起る非常なる価格騰貴といふ結果をも、頻々惹《ひ》き起こしては居らぬことを観察すれば、我々は資本を各職業に正しく配布する（apportion）の原理が、一般に想像せられてゐるよりも更に其作用を逞《たくまし》うしてゐることを容認しなければならないのである。』（岩波文庫小泉信三訳『経済学及課税之原理』七〇―七一）

ここに配分するapportionといふ語が小泉教授の訳においては同一章中で一回は『分布』、一回は『配布』と訳出されてゐる。同一訳書中にさへあらはれる訳語のかかる不統一は何を語るか。堀経夫教授の旧訳書においてはこの配分apportionは『割当』と訳出されてゐるが、同一訳書の同一章中にすら訳語の統一のないとき、二三訳書間における不統一のごときは驚くにあたらないであらう。我等はただここでは配分観念が Ricardo によつてはじめて明快に確立されたこと、そして彼はそれを分配の観念から完全に区別するために apportion といふ用語を使用したこと、おなじく分配論をその研究の主題とした J. B. Clark もまた配分をいひ表す場合に distribute から区別して apportion といふ用語を使用したことを指摘し、この点に読者の注意をもとめるをもつて満足しなければならぬ。

この配分観念は Ricardo から Marx に至つて極めて明確な、徹底的な形態をとつてあらはれたが、不幸にして彼がそれをいひあらはすために用ゐた語辞は、さきに一言したごとく、四分法にいはゆる分配と同一語辞たる Verteilung であつた。これ Marx における配分観念の印象を一般読者から掩ふところの最大の障碍《しようがい》である。わが日本の Marx 翻訳者達は、原語の Verteilung を訳出するにあたつて、その用所における語義の相異を吟味することなく、千遍一律に分配といひ、しからずんば配分といふ。その語義の如何《いかん》は箇々の場所においてよろしく読者の判断に放任すべしとの意図にいづるものか、あるひは訳者自身が配分と分配との甄別に関する認識を全く欠くにもとづくものか、そのいづれであるかは、十分確かではないが、確かなことはただその結果として多数の読者がいつまでも配分観念の把握をさまたげられてゐるといふ事実のみである。（新旧二種の『資本論』英訳については、『改造』昭和四年六月号所載拙摘『マルクスのロビンソン物語』参照。）

第二　均衡思想としての二つの配分学説の対立について

ここに配分学説とは何をゆびさすか。

すでに述べたごとくその成立は経済学の歴史とともに古い。いなそれは経済学の成立と同時である。経済学が科学としての体系をえたときと、配分学説が成立したときとは、まさに同時である。なにゆゑに同時であるといふか。配分学説は均衡説であり、そして経済学の体系はこの均衡思想なしに形成されることをえなかつたからである。経済学上の二大学派は、ともにこの配分学説を脊柱《せきちゆう》とすることによつて、その理論的体系を形成したのであり、また現に形成しつつあるのである。いかに旧《ふる》き経済学者の体系といへども、いかに新しき経済学者の体系といへども、この脊柱なくして形成されてゐるものはない。実に脊柱はただ一つであるが、或《あ》る学者は殆《ほとん》ど無意識にこれを体系の内面に隠蔽《いんぺい》し、或る学者はもつとも意識的にこれを体系の表面に露呈し、これに種々なる異色を附与することによつて、その本質の同一物たることを掩《おお》ひつつあるがために、すべての人々は、——かくしつつある学者自身すらも同一事物が種々異なる方法において把握されつつあるにすぎないといふ一事を発見しない。

経済学の基本的体系は、いづれの学派においても価値論である。したがつて配分学説は事実上価値論のなかにいつも存在する。また価値論否定者、価値説無用論者の体系においては、——それが体系らしきものを有するかぎり、かならずその体系の根柢において、すなはちその理論の出発点において、露出された一つの配分学説の定立を排除しえない。その適例として Liefmann の限界収益均等法則、Cassel の欲望充足均等原理を注目せよ。価値学説は通俗の見解において二大学派対立の歴史をもつ。この二大学派は太《はなは》だしく様相を異にする二つの配分学説を支柱とすることによつて、おのおのの体系を形成してゐる。一方はただ暗黙のうちに配分学説を内含し、あるひは極めて簡単に前提することによつて、その独自の価値理論を構成し、他方は却《かえつ》てその価値理論の究竟《きゆうきよう》的到達点として、一つの配分学説を意識的に構成しようとする。労働価値思想はその客観的な価値学説の出発点においてすでに配分均衡を前提し、均衡そのものの内面的分析をいささかも試みようとしない。限界利用思想はこれに反し、主観的な価値理論の到達点としての配分均衡を把握し、均衡そのものの内面的分析を遂げようと企てる。一方の出発点であるところのものが他方の到達点であり、そして後者は前者の出発点を分析すべきものであるのに外ならない。その見事なる科学的分析は本来の性質において労働価値思想を排撃しうるものではなく、ただその根柢を深めうるのみ。これを根本的に排撃しうるとの考《かんがえ》こそ、この学派の妄想のアルファにしてオメガである。

しかも両学派の非本質的な対立は、理論を超えた他の事由によつて鋭くも誇張され、この誇張は双方の側においてますます激しく強調されてゐる。注意すべきは、この誇張が決して一方の側のみにあるのではなくして、双方の側にあるといふ一事である。社会科学の階級性に関する論議が、今日ほど不当に、今日ほど不必要に、諸学説の理論的関聯性《かんれん》を隠蔽し、ありうべからざる遮断を諸学説のあひだに設けようとしたことは前後にない。かくのごとき科学的蒙昧《もうまい》が社会主義者の側につづくかぎり、Marx 経済学の根柢は、いつまでも十九世紀中葉における英吉利《イギリス》経済学の理論的内容とさまで異るところのない内容のままに固定し、その基礎的理論のより新しき展開と、より鞏固《きようこ》なる組織とは、期待すべくもないであらう。Marx 経済学の現状における、かくも膠着《こうちやく》的な、かくも籠城《ろうじよう》的な旧理論の墨守ほど、Marx 自身の方法と矛盾したものはない。Marx 経済学の発展は、かならずしも Hilferding 的方向のみにあるのではなくして、その逆に基礎理論の深化もまた疑《うたがい》もなく発展の一方向でなければならぬであらう。——今日でなければ明日、明日でなければ明後日においてなりとも、このことは Marx 学派の人々によつてかならず顧みられる時が到来しなければならぬ。

いま均衡思想としての二つの配分学説の歴史的対立を明かにしようとするにあたつて、まづ第一に価値学説史上対立する二大学派ありとの通俗の見解をかへりみ、それと同時に、かかる見解を漠然と執ることから出発して法外なる提言をなす『ブルヂョア学者』の一典型を例挙し、その解決の方法がいかに突拍子《とつぴようし》もない方向をさし示してゐるかを注意し、それらの方法と本篇の方法とがいかに縁遠いものであるかといふことを、まづ対照的に読者に印象せしめておくことの必要を感ずる。我等がこの目的で択《えら》まうとするのは、哲学者左右田喜一郎博士の価値論の一節である。博士の荘重な哲学論文は次ぎのごとくにはじまる。――

Heraklit 及び Xenophon の断片的立言は暫《しばら》く措《お》いて問はず価値を学説の対象として取扱ふに至つたのは他の諸学問に於《お》けると同様アリストーテレスの昔に始まる。爾来《じらい》Kirchenväter より中世の Scholastiker（Alb. Magnus 及 Thomas d'Aquino 等）を経て文芸復興期及《および》啓蒙時代の後を受け十九世紀を通じて今日に至る上下三千載に亙《わた》り甲論乙駁せらる、に不拘《かかわらず》価値論は未《いま》だに確然たる帰趨《きすう》を見出し得ざる問題の一である。他の未解決の諸問題に於けると同様に価値論に於《おい》ても種々の貢献をなす学者にして価値論に於て限りなき困難に遭遇することを自覚し且之《かつこれ》を除却せんとして一の新しき体系を建設せんとするに決して頭脳の鋭敏、舒述《じよじゆつ》の明快を示さずと云《い》ふではないが、此《こ》の困難を自覚し之を除却するに急にして何故に価値論には此《かく》の如《ごと》き困難が横《よこた》はつて居るかの根本問題に想到するものは殆どない。価値論の最も深き病根は恐らく茲《ここ》に存する、我等後進の学徒が価値論に於て何等かの言をなさんとするものは先《ま》づ出発点を茲に求めて根本的に価値論を考究する態度を避けてはならぬ。

しかり、『何故に価値論には此の如き困難が横はつて居るか』とは、博士の言のごとく学問上まさに根本的な疑問である。これにたいする博士の解答は次ぎに掲げるとほり駭《おどろ》くべき方向を指すものであるが、かかる問題にたいしては Karl Marx のごとき学者もまた非常にはやく殆ど予言的に一解答をあたへてゐはしまいか。ここに予言的とは価値論上のいはゆる『混沌』が彼ののちに到つて愈々《いよいよ》その度を加へつつあり、そして何故にかかる『混沌』が持続し発展しなければならないかといふ疑問にたいし、彼の言葉が依然として一解答をあたへ得るとの意味である。したがつて何故今日においても左右田博士のごとき哲学者によつてまで、この問題が取扱はれなければならないのであるか、——なぜ『未定稿価値論の一節』などといふ荘重な哲学的長篇論文が、経済学上の価値問題にまで参加しなければならないのであるか、といふ『根本問題』にたいしても、Marx は予言を遺《のこ》してゐる。博士の研究がいかに表面的には『混沌』を芟除《さんじょ》しようと企ててゐる科学的努力のごとく見えやうとも、事実においてその『混沌』を途方もなく倍加し拡大し発展せしめるところの一つの運動以外の何ものでないといふことは、次ぎの一節によつて明かとなるであらう。——

価値現象には価値を認むる主体と価値を認めらる、客体と其《そ》の主客両体との間に価値を認めらる、関係の存在とを必要とする。即ち価値を認むる主体が一箇《こ》の要求を持して対象に向ひ其の対象が此の要求を充たすに足るべき可能性を有すと主体に認められ、而《しか》して評価主体の要求と其の対象が此の要求を充たすこと、の間に何等かの意義に於て一定の障礙《しょうがい》あることを要する。古往今来或《あるい》は興《おこ》り或は倒れたる幾多の価値学説の連続より生じたる Neumann が所謂《いわゆる》 “Das Chaos der Wertauffassungen” の中にありて退いて静かに考ふるときは、此の統一なき幾多の経済学説も或は評価主体を力説する主観価値説（subjektivistische Werttheorie）か或は評価客体を力説する客観価値説（objektivistiche Werttheorie）かの二を出でない。此の現象は甚だ深い哲学上の根拠〔！〕を有する。認識論が認識の主体と認識の対象とを前提とし、其の主客両体の間にある一定の障礙を Zweck mässig に除却する処に認識の経過と成果とを認むると云ふ事実から、認識主体の側を主として力説する Idealismus, Rationalismus と認識の対象の側を主として高調する Realismus, Empirismus と対立することに思ひ及ぶものは、価値論に上述の二派あると云ふ事実から逆行して、価値論が認識論の一部として取扱はるべく従つて認識論の有する困難を共同に負ふと云ふことを容易に（！）発見するであらう。

経済学上のあらゆる価値学説が要するに『評価主体を力説する』ものと、『評価客体を力説する』ものとの二つに帰着するといふごとき見解が、一つの概括論として科学的意義をたもちうるやいなや。――箇々の経済学説の実体について具《つぶ》さにその理解を遂げたほどの人は、かかる見解そのものが何等科学的根拠なきものであるといふ意見において一致せざるをえないではあるまいか。況《いわ》んやかかる見解から『逆行して』価値問題が認識論の有する困難を共同に負担するといふことを『容易に（!!）発見するであらう』などといふ帰結に至つては、恐らく科学者としての経済学者中、これをもつて真に価値問題の本質を解する人の発言なりやいなや疑はぬものはないであらう。我等は左右田博士の研鑽そのものを全然無意味なりとするものではない。ただ問題が我等の価値問題に関するかぎり、我等は博士から何事も学びうるところなしといふにすぎない。『経済価値とは何ぞや』式の問題提起者についても、このことは全く同様である。かかる出発点に立つかぎり、華々しき独創はすべての研究者の脳裡から湧出《わきだ》しきたるであらうが、そのやうな独創は我等の科学とは無関係である。だから左右田式方法に随《したが》つて経済学の価値問題に接近しようとしつつある読者があるならば、希《こいねがわ》くはまづ本篇の目的と方法とが、全然それとは対蹠《たいしょ》的な位置にあるといふ一事を心付かれるやう、また左右田式方法をもつてすれば、さきの小篇『配分原理』は一の価値学説として、主観・客観、いづれの学派に帰属せしむべきかといふ問題に決定的な答をあたへることなしに本篇のごとき立場を批評することは無意味であるといふことを感知されるやう、希望せざるをえない。――かかる言葉は、いまさら無用のやうであるが、左右田博士の方法なるものに関して学生時代から懐いてゐる筆者の疑問と不信との一端を、価値論にかかはらしめてここに一言することは無意味ではないやうにおもふ。

配分学説は古代希臘《ギリシア》の哲学者や中世教会法学者の教説のなかに、その最初の端緒をもとめうるものではない。それは経済学が近代の一科学として成立の端緒についた十七世紀すなはち Sir William Petty 以来の経済学説のなかに、その思想の最初の萠芽をたづねうるものであり、そしてその発展は十九世紀中葉以後 Karl Marx に至つてその一極点に到達したのである。しかるに一方配分学説は十九世紀の中葉、H. H. Gossen によつて、全く新らしい視点が展開されはじめ、それは旧学説とは全然無関係の様相を呈しつつ次第に発展して遂に今日の一般経済学を形成するに到つた。それは一言にしていへば Marx 経済学と対立するところの『ブルヂョア経済学』である。Gossen によつて新たに発見された配分法則は、それとは異る様相においてすでに Ricardo のなかに儼存《げんぞん》してゐる。にもかかはらず、すべての経済学者のあひだには、——社会主義の側においても、反社会主義の側においても、この両学派における基本法則の内面的関聯性を指摘することを憚《はばか》り、飽くまで両学派の対立を本質的なものに見せかけようとする無意識的および意識的の努力があるやうに見える。社会主義学者の側におけるその代表的なものは、N. Bukharin である。その著『金利生活者の経済学』を見よ。

一体すべての学者は事態の真相を知りつつ故意にかかる僻見《へきけん》を執らざるをえないのか、それほどまでに経済学の階級的性質は意識的に露骨なものであるのか。——王様が裸であるといふことはすべての人民が目撃してゐる、だがそれを口走つたものが唯《ただ》一人の少年であつたとすれば、対立する両学派の理論的脊柱における内面的関聯性を提言することは、かかる少年の発言にも均《ひと》しい愚挙にすぎないのであるか。果たしてさうとすれば、近代経済学の全史を配分観念の発展史として綜合的に理解しようとする本篇の企ては、もつとも時宜に適せぬ、もつとも馬鹿正直な、おせつかいな—— Bukharin の言葉を用ゐれば『有害な』（！）企てであらうかも知れぬ。この立場は Marx の商品分析を目して完成されたものと認めることを肯《がえ》んぜず、彼の科学的分析もまた或る限界において挫折してゐることを指摘せずばやまぬものである。かかる立場にをる以上、本篇の筆者は経済学における理論の非階級的性質の一面を論究することにおいて、現今普通のマルキシストと志向を異にする者であり、そして配分観念の綜合的把握は、事実においてかかる立場からのみ可能であることを自ら立証せんと欲するものである。

すでに述べるごとく、配分観念は対立する二大学派において、互《たがい》に全く相異した様相において別々に発展し、両者のあひだには何等の内面的関聯性も認めえないものと考へられて来た。いな、両学派の生成をそれぞれ配分観念の発展として考察するといふごとき視点そのものがいまだ曾《かつ》て打建てられたことがなかつた。しかるに Ricardo においてすでに彼の思想の表面にあらはれた『資本配分の原理』――これは同時に労働配分の原理である――は Marx の注目をうけて『哲学の貧困』に引用され、ここにおいて極めて明確な、徹底的な形態があらはれるに至つてゐる。すなはち彼はこれをもつて労働配分の法則となし、この労働配分は社会的生産のいかなる形態をも貫徹して作用するところの均衡法則であると認めたのである。それは社会のあらゆる欲望に適応する種々なる生産部門にたいし、社会の総労働が必然的に『正しき比例』において配分されてゆくといふ合理法則であり、したがつてその本質において非発展的な、非歴史的な『自然法則』である。この法則は社会的生産のいかなる形態からも廃除するをえないのであり、かへつてそれらの諸形態こそこの法則の作用によつてはじめて一つの統一性と全体性とを得ることのできるものである。すなはちそれは Marx においては、自然経済、交換経済、および共産経済（計劃《けいかく》経済）等、およそいかなる社会的生産をも貫徹して作用するところの平均法則である。いな Marx はこの法則を社会的生産のみならず、実に孤立人の経済の想定のなかからも発見するに至るのである！

いかにも Marx は、はじめ孤立的生産をもつて相手なき言葉といふにひとしき一つの『背理』であると考へた（『経済学批判序説』）。だが、彼はつひにロビンソン・クルーソー経済学を『資本論』のなかに導入することをみづから禁じえなかつた。彼は何のために商品論のなかにロビンソンを誘ひ込んだか。もつとも単純簡明に『価値のあらゆる本質的な規定』を説明するためには孤立人の生産を想定することが必要であつたからだ。なぜ孤立人の生産を想定することが『価値のあらゆる本質的な規定』を簡明に説明するゆゑんであるか。諸生産における総時間配分の均衡関係がその場合においてもつとも単純に理解され得るからだ。そこには配分総量としての総労働の雛型がすでに存在する。すなはち『価値のあらゆる本質的な規定』は時間配分のなかに存し、そしてこの時間配分は孤立人の生活においてすでに想定せらるべき性質のものだからである。配分法則は孤立人の生活を支配する。Marx はこれを社会的生産の歴史的形態をとほして発見したとはいへ、理論的にはまづ孤立人の生活を支配する均衡法則として認めざるをえなかつたことは明かである。おもふに Marx が孤立人の想定のなかで、その生産における時間配分の均衡法則を認めるに至つたときほど、H. H. Gossen の課題に接近したことは前後にない。Marx における配分関係の分析が惜しくも挫折した一点こそ、Gossen における配分関係の分析が展開する一点である。それこそはまさに間髪をいれざる一点であり、主観・客観両学説の鼓動が脈々として相摶《う》つ一点である。

Gossen のいはゆる第二法則は人間行動の法則である。その行動こそ配分である。すなはちそれは配分法則である。この法則は、種々なる享楽にあてらるべき時間量が限定されてゐるとき、その限定せる総量を、享楽諸部門のあひだに、いかなる関係のもとに配分すべきかの問題に答へようとするものである。これを逆に Marx に問ふならば、彼は明快に『正しき比例』においてと答へる。『正しき比例』とは配分素材の客観的総量を各部門へ配分する正常比例の意である。この正常比例はすなはち均衡的比例である。さらに『正しき比例は何によつて決するかと Marx に問へ。彼はこれに応じてただ一語利用上の効果』(Nutzefekt) と答へる。——だが、もはやそこまでである。註 この Marx の限界点を起点として、Gossen の法則は『利用上の効果』そのものを分析しはじめる。すなはちその結果として個人の欲望充足における内面的規律性が展開されてゆくのである。Marx においては各部門に配分されるものの客観的数量における正しき比例が問題の中心であり、Gossen においては各部門に配分されるものの各限界単位における主観的な満足増量の均等が問題の中心である。一方は客観的な正しき比例、他方は主観的な限界均等が、それぞれ意識されてゐる問題の中心点ではあるが、事実において配分の正しき比例は配分の限界均等を証明し、配分の限界均等は配分の正しき比例を証明するものたる以上、この二つの表現は、疑もなく同一事物を異る両面から把握したものに外ならない。すなはち両者ともに配分を論じ、その配分均衡はいかにして得られるかを解明するものである。されば注意せよ、配分は必ず均衡の観念を内含する。

配分観念はすなはち均衡観念である。経済学の全史はこの均衡観念の発展史であるといふことができる。近代経済学の発端においてすでにこの均衡観念は漠然たる形態をとつてあらはれたが、それが取扱ひ易い一個の学理として把握されるに到つたのは、公平に見て主観学派の功績に帰すべきものである。主観学派はこの均等法則をまず一個人の生活秩序のなかから明確に把握し、いはば経済的有機体の細胞的存在たる各個人のなかに、経済的世界秩序の因子たるものを発見し、且つ表現したのである。経済的世界の理論的理解において、配分均衡の観念はまづ一応各個人の経済生活の内面的完了性を解明するために不可欠の道具となるのであるが、経済学の理論的発展は、たとひ後段において個々人の内面的完了性が否定され、総体における一因子としての個人の、他のすべての因子との相互依存性が力調されるに到るとも、その説明の最初の段階においては、有機的・社会的均衡を組成する細胞的因子としての個人の内面的均衡性が、一つの遊離的方法によつて詳論されなければならぬ。Gossen にはじまる主観学派は、この個人の内面均衡性を分析するうへにおいて重大なる貢献をわが経済学のうへになし果たした。この貢献を否定してはならない。

だが主観学派にさきだつ古典学派（かりに Marx を含む）は、社会的生産形態そのものの外面から、もつとも宏大な外面から、この均衡性を客観的に明確に把握した。この均衡性の基本的因子を各個人の内部にまで溯《さかのぼ》つて発見することは、同学派の敢《あえ》て試みようとしたところではないが、しかも同時に同学派は、この企てを否定すべき何等の根拠をも有するものではない。Marx のロビンソンを支配する個別完了的な均衡法則は、商品生産社会においてもまたその各成員のなかに何等かの様相において発見されなければならぬ。社会の総労働を一定の比例においてあらゆる生産部門に配分し、そして生産関係に一つの全体性と統一性とを附与せねばやまぬところの自然的にして合理的なる均衡法則は、その成立に不可欠の基礎的因子として、社会の全成員における個別的な均衡性を予想せざるをえない。Marx の商品分析が、決して完成されたものではなく、中途半端なもの、さらに発展せしめらるべき何ものかであるといふのは、この見地からいふのである。彼の科学的分析が或る一点で挫折してゐることが明かとなつたとき、その一点をつきとめ、その一点から出発して、これを正しく発展せしめることは恐らく科学者の任務であらう。この仕事のために他の学派の新らしい分析法——それは必ずしも主観主義的な限界利用概念を必要とするものではない——を採用することは、いささかも忌避さるべきではない。にもかかはらず Marx 経済学の現状において、かかる試みは殆ど夢想にものぼらざるところであり、もし私の理解に謬《あやま》りがなければ、わづかに高田保馬博士が『一つの感想』と題する東京朝日紙上の一文において、この一点をするどく示唆せられたことがあつたのみである。それとも博士は労働価値の観念そのものを否定されるのであらうか。

ここに他の学派の新らしい分析法とは、数理派をふくむ主観学派の方法を指す。この学派に属する殆どあらゆる学者の基礎的観念は配分均衡である。この配分均衡は彼等においてはその主観主義的様相として、限界利用均等法則、限界余剰均等法則、欲望充足均等原理等々の名において説明され、おほむね各個人の消費経済における内的秩序性の分析をもつてその適用の出発点とする。ゆゑに主観学派の発展史は事実において配分観念の——均衡思想としての配分観念の——発展史であると認むべきものであり、また同学派に属する代表的な諸学者の体系を比較研究せんとするにあたつては、この配分法則の適用がそれぞれいかなる範囲におよび、いかなる限界にとどまつてゐるかといふことが、その企ての主要なる視角とならなければならぬであらう。同時にそれは、この学派の発展をもつて配分学説の一特殊形態の発展と目する立場にとつて、欠くべからざる視角である。我等は配分学説の新らしき一形態としての主観学派の系統的発展を辿《たど》らうとするにあたつて、まづこの学派のいはゆる『均等法則』なるものが、配分法則の主観主義的様相であるといふ一事をつきとめ、しかるのちに、この主観主義的なものが漸次客観主義的に転向して今日に到るまでの——つまりGustav Casselに到るまでの、——発展を具さに辿《たど》らなければならぬ。

この目的のために、すなはち配分学説の一系統的発展の舒述のために、我等が取り残してはならぬところの学者の中には、いかに最少限度にとどめようとしても、Goseen, Jevons , Menger, Böem-Bawerk, Wieser, Walras Pareto, Marshall, Clark, Fisher, Liefmann, Cassel, Schumpeter, 等々の人々が数へられなければならぬであらう。これらの諸学者の著作について一々直接に研究をすすめることは、到底本篇の筆者のごときものの現在の力におよぶところではない。その学説史的舒述が完成された場合の態様がいかなるものになるであらうかさへ、いまは想像もおよばない。Thünen や Cournot が右の発展史のなかでいかなる位置を占めるであらうかさへ、いまは決定的な判断をくだしがたい。にもかかはらず、我等の思索が当面しそして執らざるをえなくなつた現在の視点は、かかる新しき学説史の成立の可能とその必要とを示唆してやまないのである。

そこで配分学説史は二部に分れる。第一部は Karl Marx に到つて一応完成したと認むべき客観的・社会的・配分学説、第二部は Gustav Cassel において一つの頂点に達したと認むべき主観的・並びに客観的・個人的配分学説。——後者の頂点においては、すべて主観的・個人的なものが、客観的・社会的なものに転化し、全体系がこれまでの主観学派から離脱しえたかのやうな相貌さへ呈してゐる。だがそれは単なる外貌にすぎず、その全体系を支へつつあるものは疑もなく『欲望充足均等原理』であり、そしてこの法則がまづ消費経済の個人的秩序性を分析することによつて全体系の端緒をひらく手順において、何等以前の学説と相異るところあるを見ない。均衡観念はそれ自体のなかに限界利用・総利用等の概念を内含することなくして、純客観的に、立派に、成立しうるものであることは、たとへば Marx の学説がそれを証明する。だから Cassel 等が主観学派の限界利用説を抛棄《ほうき》して、しかもなほ均衡理論を形成しえたごときは何等異とするに足らぬ。注意せよ、彼は限界利用概念を棄てえたけれども、Gossen の第二法則を棄てえたのではない。彼の『欲望充足均等原理』は Gossen 法則以外の何ものでもない。たとひいかなる新名称を冠して用ゐるとも、要するにそれは均等法則であり、そして見よ、その均等法則の説明に必ず用ゐざるをえない言葉は『配分』である。なぜ均等法則は棄てえないか。あるひは同じことだが、なぜ配分法則は棄てえないか。——答へよう。それは真正の唯一の、均衡原理であり、そしていかなる理論経済学も、この均衡原理をすてて、全体系を支ふべき他の脊柱をいまだ発見してゐないからである!

すなはち客観学派にせよ、主観学派にせよ、その理論的体系が形成されるために不可欠の原理は、配分原理である。この原理をはなれて一つの静態的体系が形成されたことは曾てなく、この原理を基礎とすることなくして一つの動態的体系が展開されたのを我等は曾て見たことがない。配分学説史はすなはちこの配分原理の発見、発展、再発見、最発展の歴史的舒述であり、その舒述の基調をなすものは、この原理にたいするもつとも広汎な、もつとも徹底的な、綜合的理解でなければならぬであらう。しかり、それは綜合的な理解でなければならぬ。配分における客観的な正常比例と、主観的な限界均等とが、同時に二つのものとしてではなしに一つのものとして理解されなければならぬ。その理解は二つの理論を完全に一箇の体系として把握するものでなければならず、したがつてそれは畢竟《ひつきよう》、さきの小篇『配分原理』に示された一体系の正しき理解が前提されなければならぬといふことを意味するのである。

註　孤立人における時間配分の法則は、Marx によつて『資本論』第一巻第一篇第一章のなかで、簡潔に説明されてゐる。この説明を J. B. Clark の『分配論』第四章のなかの孤立人の労働配分に関する説明と対照することは興味がある。——

『経済学はロビンソン物語を好むから（二九）、先《ま》づロビンソンの島の生活を見よう。彼れは生れながらにして淡白寡欲な男ではあるが、それでも様々な種類の欲望を満足せしめねばならぬ、そしてそのためには道具を作つたり、家具を製造したり、駱馬《らくば》を馴らしたり、魚貝を採つたり、狩猟をしたりして、様々なる種類の有用労働をなさねばならぬ。祈禱その他これに類似なものは茲で問題とならぬ、なぜといふに、わがロビンソンはそれに怡楽《いらく》を見出し、かゝる活動を気晴しとしてゐるのだから。さて彼れは、彼れの生産的機能の種々雑多であるに拘《かかわ》らず、それらが同一なるロビンソンの異なれる活動形態に外ならず、従つて人間労働の異なれる仕方に外ならぬことを、よく知つてゐる。必要そのものが彼れを強制して、彼れの時間を彼れの異なれる諸機能の間に正確に配分せしめる。彼れの総活動の中でどの機能がより多くの範囲を占め、どの機能がより僅かの範囲を占めるかは、目的とする効果を得るために克服すべき困難の大小によつて定まる。経験が彼れにそれを教へる、そしてわがロビンソンは、時計と台帳とインキとペンとを難破船から救ひ出してゐたので、直ちに立派なイギリス人らしく自分自身のことについて簿記をつけはじめる。彼れの備品控帳には、彼れが所有する使用対象物や、それらの生産に必要なる種々の仕事や、最後にこれらの種々なる生産物の一定分量の生産のため彼れが平均に必要とする労働時間やの、明細書きが記入されてゐる。ロビンソンと彼れ自身の創《つく》つた富たる諸物品との間のすべての関係は、この場合極めて簡単明瞭であつて、ヴヰルト氏ですら別に精神を労することなくしてそれらを理解することができた。しかもなほこれらの諸関係のうちには、価値のあらゆる本質的な規定が含まれてゐるのである。

（二九）第二版註。リカアドもまた彼れのロビンソン物語を有《も》たないわけではなかつた。「彼れは原始時代の漁夫および猟夫をして、直ちに商品所有者として、魚および猟物をそれらの交換価値に対象化された労働時間の比で交換せしめてゐる。この際彼れは、原始時代の漁夫および猟夫をして、彼等の労働具の価値を計算するに当つて、一八一七年（リカアドの経済原論の公けにされた年――訳者）ロンドン取引所において通用する年利表を斟酌《しんしやく》せしむるといふ時代錯誤に陥つてゐる。「オウヰン氏の平行四辺形」がブルジョア的社会形態以外に彼れの知つてゐた唯一の社会形態のやうに思はれる。」（カアル・マルクス著「経済学批判」、三八、三九頁）。（今日の新版では四三頁宮川の邦訳本では六七頁。なほリカアドについては堀経夫氏訳「リカアド経済原論」三七頁以下参照。――訳者。）（岩波文庫「資本論」一一三―一一五）

Clark の『分配論』第四章のうち『一孤立人の労働は最終効用の法則によつて種々の仕事の間に割宛《わりあ》てられる』といふ小見出しの下にある部分は次ぎのとほりである。ロビンソン物語をもつものは、Ricardo, Marx にとどまらず、新しい学派は挙《こぞ》つてこの物語を新しい様式で展開した。いはく『最終効用の法則は、……生産者が一生産物の創造を止めて他のものを作りはじめるその点を決定する。貨幣をポケットにせる近世の労働者は買物をするに最終効用の法則に相談し、そして既に手許《てもと》にある諸《もろもろ》の事物の供給をも考慮に入れて、各ダイム銀貨をそれが彼に最も利益を与へるであらうやうに費すのである。吾々の仮定せる未開人は費すべきダイム（銀貨）は持たないで労力を持つてゐる、そして彼はその労力の費へを同一原則に従つて支配する。すなはち一事物に対する自分の欲望の鋭さを和《やわら》げてしまふと、今度は他の事物を作るのである。故に市場並《ならび》に価格は近世的現象であつて、それの研究は斯学《しがく》の普遍的真理に献げられる部門のうちには席を有しないが、近世市場においてされる購買を支配する最終効用の法則は孤立人の生産をも支配するものであり、一の普遍的法則である。』（林要訳『分配論』五八―五九）

この両者の場合において、孤立人を支配する配分法則の証明は、Marx の方が Clark に比してはるかに明快でもあり、且つ徹底してゐる。だが、不思議にも Marx 学者はこの一点を不問に附して今日に及び、また主観学派の人々もこの一点に曾て注意したことはないやうである。両学説を対照的に、しかも或る意味で綜合的に、取扱つてゐる新しい学者、たとへば Amonn, Lederer 両教授のごときも、この一点を出発点としてゐるのではない。この一点は看過された一点である。何人かが発見するのでなければ、経済学の視野に入らずにゐるところの一点である。しかも一旦発見されれば再び見失はれることのない一点である。なぜならこの一点の把握はそれ自体新しき宏大なる展望を約束するからである。

第三　綜合的な配分観念の内容について

ありうべき配分学説史の一班は、以上述べるごとき広汎なものであるが、かかる学説史は綜合的な配分観念の確立並びにその今後の発展のために不可欠のものである。これは経済学の領域において働くすべての人々が、『自己の以前に又は自己の傍《かたわら》において成就せられてゐることに留意せずに、自己の独自の体系を建設する』ことに急ならんとする悪風潮に抗して、『各人が自己の以前にその分野において働いた人々の肩に乗り、又自己と同時にこの建物で働いてゐるすべての人々と手を伸べ合ふ』やうな研究態度を一斉に執ることの必要と、その正しさとを立証するためにも、必要な仕事であるやうにおもはれる。この学説史的研究は、その根本態度において、箇別《こべつ》的な科学者の独創性をそれ自体として評価することを排し、科学発達の全過程における継続的な聯鎖《れんさ》としてのみ諸学説を認容し、他の学説との内面的関聯性を探ることなくしてこれを学説史上に登場せしむべからざるものと規定するのである。またこの史的研究は、科学の進歩をもつて研究の協同性と継承性とに依存するものと認めるのみならず、それ自体ひとつの新しき聯環たらんことを期するものでなければならぬとおもふ。ここに改めて、配分学説史構成の嚮導《きょうどう》概念ともいふべき綜合的配分観念の内容を暫行的に決定しておくことが必要である。——

配分学説は、経済量配分の均衡に関する一切の思想を包括する。まづ第一にそれは均衡思想である。この均衡は、主観的・意識的・乃至《ないし》規範的なものの成果として説かれてゐても、客観的・無意識的乃至自然的なものの成果として説かれてゐても、——その甄別《けんべつ》はこの研究にとつてもちろん重要であるが——それは均衡理論たるにおいて異るところなきものと認める。第二にそれはかならず経済量を前提する。経済量とは経済の対象たるべき何等かの物の量である。ここに経済とは配分であり、したがつて経済量は配分量である。(Deitzel の『節約原理』Sparprinzip, Cassel の『稀少性原理』Prinzip der Knappheit といふごとき経済原理は、ここにいふ配分原理の、より不完全なる・より半面的なる・より部分的なる認識にすぎないもののやうに見える。配分原理は、それ自体の理解のなかに、右にいふごとき諸原理が把握してゐるものを悉《ことごと》く包摂してゐるのに、右にいふごとき諸原理は、それ自体の理解のなかに、配分原理が把握してゐるものを包摂することができない。配分原理は第一に均衡の原理であるが、この均衡思想は、『節約原理』や『稀少性原理』そのもののなかに認めがたいのである。)もちろん経済量は多種類である。およそ可分財は、理論上配分素材たりうるものである。米、小麦、鉄、石炭、綿布、砂糖等悉く経済量であり、配分量たりうる。だが経済量中比較的本原的なものは、総じて多様の用途をもつ原料品である。だが、より一層本原的なものは労働である。だが最後のもつとも本原的なものこそは、人間の生活活動の先天的一制約たる時間である。時間は人間の総活動における第一次の配分素材であり、それこそはもつとも宏大な、しかしながら依然として限定された経済量である。この見解は従来の経済理論的思惟の限界を越える。だが本篇の筆者は、配分体系の第一次的展開として時間配分の原理を説くをもつて、理論経済学の不可避的な発端であると信じ、これを提言する。なほ貨幣および資本が今日の経済においてもつとも一般的な配分素材である事はいふまでもない。第三に配分学説は必らずその適用の特定分野をもつ。その適用方向が供給理論なると需要理論なるとを問はない。またその適用範囲の狭小なると宏大なるとを問はない。またその適用が個人の消費圏内の主観的側面にあると、社会の客観的な生産秩序の自然的調和の説明にあるとを問はない。その配分の説明が直接的に生産のみに属すると、あるひは消費のみに属するとを問はない。またその配分過程が、意識的、統制的、計劃《けいかく》的なると、無意識的、放任的、盲目的なると、問ふところではない。配分総量の想定があり、配分均衡の推理の存するかぎり、その理論の適用が奈辺にあるを問はず、またその説明が主観主義的・客観主義的のいづれなるとを問はないのである。だが箇々の配分学説は事実上その特定の適用範囲をもつ。その適用が拡充されるにしたがひ、その体系は完成にむかつて接近する。――その適用のうち、社会の総労働が生産の二大部門すなはち生産手段の生産と生活資料の生産とに配分されることに関係した一切の理論、並びにそれと関聯して個人の消費経済における所得配分の部分量が将来のために残され、『待望』の対象となることに関係した一切の理論とは、当然配分学説史に摂取される。

総合的な配分観念の内容は、以上述べるところによつて要約しえたとおもふ。配分総量の前提があり、配分均衡の推理または想念の存するところ、そこに必ず存在するものは、配分原理である。極端に相対立する諸学者によつて打建てられ、発展せしめられた幾多の配分学説は、いかに互《たがい》に無関係の外観を呈してゐようとも、それらすべての理論的構成において内面的関聯性を有し、究竟的《きゆうきよう》には同一原理の箇々別々の仮設的表現にすぎないもののやうに見える。あるものは直接に個人の内面からこれを把握し、あるものは直接に社会的生産の外面からこれを把握し、あるものは消費経済の内部に、あるものは経営経済の内部に、これを求める。その様相は実に雑多であり、ただあまりに雑多であるがために、今日まで曾《かつ》て総括的な取扱ひをうけることができなかつたのである。

右のうち、主観学派に属するものは、総じて個人心理的な消費理論にその配分学説を建ててゐるとの見解は、ややもすると不注意な人々から無雑作にうけとられやすいものであるが、かかる見解は決して正しいとはいひえない。主観学説の創始者がその配分学説を生産理論のなかに適用したこと、たとへば W. S. Jevons が彼の配分学説を社会的生産における労働配分に適用せんとしたことは、筆者が他の機会に指摘したとほりである。いないな、彼に先立つ約二十年、H. H. Gossen はすでに彼の最初の学理が、生産に適用さるべきものであることを明言した。わが日本においてこの一事をもつとも早く指摘し、我等の注意を喚起されたものは、福田徳三博士である。博士は当時その著書に Gossen の原文をも抄出して次ぎのごとく述べられた。――『吾人は茲《ここ》に問題とするは、言ふ迄《まで》もなく、需要・消費の問題にして、生産の問題にあらず。然《しか》れども限界利用均等の法則は、同じ前提の下には、生産にも行はる。ゴッセンは享楽資料に就て云《い》ふのみならず、生産に就ても云ふこと、右第二段引照句の示す所の如《ごと》し。』と。――主観学派の学説創始者がいづれもその配分学説を生産に適用することを試みながら、しかもなほこの学派の全発展が消費理論の発展としての様相を呈してゐるところに、掩《おお》ふべからざる階級性が認められるのではあるまいか。

また主観学派の配分学説は、総じて極大満足の観念によつて、その合理性を明かにするのであるが、その嚮導観念たる満足量は純粋に主観的な分量である。この極大量が純粋に主観的なものとして考へられるところに、また必ず考へられなければならぬところに、真に主観主義的な立場の最後の根拠がある。おもふにこの根拠は奪ふべからざるものである。また客観主義的な配分学説のうち、経営経済の合理性を明かにするものは、その嚮導観念として最大収益を思ふのであるが、この場合の極大量は主観的な分量ではなくして、客観的な収益の総量である。この思想はその論理的構成においてGossen法則に酷似し、しかもGossenより迥《はるか》にさきにvon Thünenにあるのであるまいか？　もしさうならば配分学説の嚮導観念として極大量を思ふといふ方法は、その論理的構成においてGossenを嚆矢《こうし》とすべからざるものである。

しかも猶《なお》ここに経営経済と消費経済とのいづれも個人経済的な配分論における根本的相異は融和すべからざる、また融和せしむべからざる、全く独立した二つの根柢から生じたものであることを看過してはならない。すなはち両者の論理的構成における酷似を明かにすることは必要ではあるが、この二つの経済がよつてもつて立つところの根柢によこたはるものが、一つは収穫法則であり他は利用法則であることを看過してはならない。消費経済において配分者の配分を指示するものは利用法則であるが、経営経済において配分者の配分を指示するものは収穫法則である。利用はそれ自体主観的な分量であり、収穫はそれ自体客観的な分量である。ここに二つの配分理論が永久に箇々別々のままにとどまるべき根拠がある。これを何等か一つのものに融合しようとの無謀な試みがもしあるとすれば、それは利用法則と収穫法則との区別を否定する立場から出発するよりほかはない。真の社会経済の理論においては、この二つの配分理論は相互反照的に統一されることによつて社会的総配分の形成を説くべきものであり、この社会的配分の形成こそとりも直さず価格形成論の実体となるであらう。

遺憾ながら本篇の筆者は、配分学説史を書く準備において、あまりにみすぼらしい状態におかれてある。筆者はいまかかる仕事にとりかかるために必要な何等の準備をももちあはせてゐない。わづかに少数の文献に親しみつつ、ありうべき配分学説史の全容をおぼろげに脳底にゑがきつつあるのみ。かくて現在できることは、そして今からとりかからねばならぬことは、すでに読み或《あるい》は現に読みつつある内外の文献に関して、まづ一々覚書をつくつておくことである。この覚書は、すでに一読された箇々の文献について上来述べ来たつたやうな視点から選択しえた部分にたいし、当座の解釈をほどこし、そしてそれが余蘊《ようん》なき他日の研究のために、ひとつの手がかりとなるもののやうに用意されなければならぬ。これはしたがつて、第一に個人的な目的をもつて作成されるものではあるが、何等の客観性がないわけではない。経済学における配分観念の無比の広汎性にたいして、何等かの興味を催すであらう読者にたいし、多少の意義を示すものでなければならぬ。のみならず配分観念そのものの徹底的理解のためにも、これらの覚書はそれ自体、読者にとつて若干の参考となるかも知れぬ。筆者はひそかにこの一事を期待せんと欲するものである。また筆者がすでに論文の形態において世に問ひつつある筆者自身の配分学説――たとへば『配分原理』『配分原理の拡充』等――において、説いてなほ尽さざる許多《あまた》の部分にたいし、もしもこれらの覚書が註釈として役だつならば、望外の幸《さいわい》であるとおもふ。

本篇の筆者は、上述の目的から、今後幾年かに亘《わた》り、かかる形態の覚書を連続的につくつてゆく志をもつ。いま、かりにこの覚書の総括的な名称を、表題のごとく配分学説史考と定める。――この覚書には順序も発展もない。或《あるい》は von Thünen を、或は J. B. Clark を、或は R. Liefmann を、或は G. Cassel を択《えら》み、しかも相互対照を敢《あえ》て企てない。まづここでは第一に Karl Marx を択む。おもふに Marx は配分学説史上もつとも偉大なる学者の一人である。筆者は過ぐる年、大塚金之助教授との激しい談論のあひだから、この示唆をうけた。もし教授の示唆によつて Marx を読みはじめなかつたならば、筆者はおそらく配分学説に関して現に到達しえてゐるやうな学説史的な、綜合的な、取扱ひの可能を確信するために、もつと多くの歳月を要したであらう。

古典学派における配分観念は、Marx に到つてはじめて徹底的な形態を執るに到り、爾《じ》来《らい》今日迄彼を超えてこれを発展せしめえたものは存在しない。彼は客観学派における最後の一人である。この最後の一人において配分観念がいかなる形態を執つてゐるかを見ることは、客観学派の全史における配分観念の到達点を知るゆゑんである。すべてのものは、その発達の当初におけるよりも、その発達の最高段において、もつとも看易《みやす》いものとなる。客観学派における配分観念もまたこの例に漏れないのである。Ricardo に於《お》ける資本配分の原理は、ただ彼がそれひとつのみを研究対象としたところの資本主義経済の現実的観察から帰納したところの、極めて平明にして簡単なものであるが、Marx に到つてこの原理がもつとも徹底的な、もつとも全幅的な、形態をとりえたことはすでに一言したとほりである。かかる結果は、それが Ricardo の正統的発展なるがためといふよりも、Marx 自身の徹底的な社会的立場を思ふことによつてのみ理解さるべきものであらう。すなはち彼は資本主義的秩序の本質を理解するのに社会主義的秩序の理念をもつてこれに臨んだのであつて、彼の商品分析は、計劃的に統制的に行はるべき社会的総配分——社会的総労働の生産総部門への配分における均衡——が、盲目的に作用する平均としてのみ到達される特殊なる生産形態の内部関係すなはち交換関係を説明するために成立したものといふも過言ではないであらう。

およそ配分観念は、配分者たる意識主体が想定された場合においてもつとも把握され易いものである。このことは逆に社会的生産の計劃的統制を理念する者によつて、もつとも明確に打建てらるべき性質のものであることを語つてゐる。社会主義聯邦が事実上 Marx の文献をもつて学説史的存在としてかへりみなければならない場合にのぞみ、それ自体の新しき経済理論をもたぬといふほど不思義なことはない。共産社会において一つの現実的な経済理論の建築の必要が発見さるるに至つたとき、かかる新建築の材料こそ、これを配分学説に、——就中《なかんずく》主観学派の配分学説に、もとめざるをえないであらう。そもそも経済生活に関するすべての思想のなかには二箇の理念がある。その一つは分配における正義である。この理念は極めて解り易く、従来多くの社会思想家によつて強調された。他の一つは配分における平衡である。この理念は経済的厚生を内容とするものであるが、前者のごとく解し易きものではなく、事実においていまだ少数の思索者によつて——真の科学者達によつて——理解されうるのみである。

おもふに分配における完全なる正義の実現は、それ自体のなかにいささかも完全なる経済的厚生の実現を意味しうるものではない。分配における理想状態は、同時に配分における最悪の状態たることを得る。この事実の中に、分配と配分との両理念の完全なる分離がある。分配問題は、簡単にいへば社会的生産における各参与者が彼等の参与にたいし客観的にいくばくの報酬額をうけとるかの問題である。配分問題はこれに反して、かかる客観的な報酬額がいくばくの満足総量——全く主観的なもの——を齎《もた》らしうるかにある。分配がたとひ倫理的に完全な原理によつて遂行されるとも、もつとも重要な社会的労働の生産配分を謬《あやま》つてゐる場合においては、各成員があたへらるる経済的厚生はそれぞれ決して極大なるをえない。その極大がもとめえられるのはたゞ配分における真正の平衡があたへられたときのみである。このことの理解は、分配の正義に関する理解のごとく容易ではなく、十分綿密な分析的推理力を必要とするものであり、そしてこの問題に関する一般推理は主として主観学説のなかにもとめることができる。正しき分配のもとにおいて、各人がそれぞれ正当に一定労働時間量を内含する諸生産物の分配にあづかることができたとしても、その諸生産物の種類および分量上の比率如何《いかん》によつて、満足総量は一々極端に相異せざるをえないのである。この事実のもつとも簡便な理解は、貨幣経済の経験に即するのがよい。いま一定時所において、一定貨幣額をもつて購ひうる商品の選択の仕方、およびその購買配分比の種類は、無数にありと考へられるが、この無数の配分比はそれぞれ極端に相異する満足総量を意味するであらう。この事実こそ真正の配分均衡すなはち経済的厚生の極大量への理念を喚起せざるをえないのである。経済的厚生の原理としての配分学説については、ここではこれ以上説明をすすめることをえない。配分観念と分配観念との全き相異を明かにすると同時に、現実的な社会主義秩序をもつて研究対象とする『経済学原理』——それはまだ在在しないものである——が、経済的厚生を内容とする配分観念を排して他にその根柢をもとむべからざるゆゑんを示唆するにとどめる。この意味において、配分学説の向後の一発展は、いかに晩《おそ》くとも必ずや社会主義聯邦の新しき科学者達のなかに期待せらるべきものであり、それがためには、Bukharin のごとき人よりは或《あ》る意味においてもつと Marx 経済学の桎梏《しつこく》から逸脱した、勇敢な、決定的に大胆な、其の理論家の出現を俟《ま》つのほかなきものとおもふ。

最後に配分学説史の研究と関聯して興趣深く顧みらるべきものに、労働価値思想を根柢とする若干の社会主義的実験並びに空想の歴史がある。Robert Owen の労働交換銀行は右の一例であるが、これら実験の失敗の意義こそは、とりも直さず配分観念の重要性にたいする反省の喚起でなければならぬ。すなはち労働価値思想を根柢とするすべての社会主義的空想並びに実験の歴史は、わが配分学説史における一附随的舒述《じよじゆつ》として包括されるであらう。

なほこの雑考のなかに当然加はるべきMarshallの『原理』は、同一視点からするその比較的周到な批判的研究『配分原理の拡充』が、別に発表されてゐるといふ事由によつて、このなかから省略される。Marxの『資本論』、殊《こと》に商品分析の一章についてもさうである。この一章については筆者は『マルクスのロビンソン物語』と題する一論を書いた。この雑考は現に発表された部分のみでは、むしろ緒言的なものが主体をなしてゐるが、この緒言的なものは右の一論文のために、もつとも直接的な序説の役割をなすであらう。と同時にこの一節に連続する二三の覚書並びにさらにその後に連続する沢山の未発表の覚書のために、共通の序説たる役割をなすであらう。もとより筆者の研究はわづかに出立点を確立したのにすぎない。綜合的な配分観念の内容の決定については一層厳密な吟味を必要とするであらう。その意味において、ここに述べるところのものはすべて暫行的たらざるをえない。諸学者の叱正を須《ま》たずしては真に正しき一歩をもすすみえざる思ひを禁じがたい。

（一九二九・一）

第四　マルクス『経済学批判序説』並びに『経済学批判』第一篇に関する覚書

『此《こ》の訳書は Karl Marx の Zur Kritik der Politischen Ökonomie, 1859 及び Einleitung zu einer Kritik der Politischen Ökonomie, 1857 の全訳である。カウツキーの刊行本一九二二年版に依る。』（河上肇閲宮川実訳新版序言）

このうち『経済学批判序説』の方は、一九〇二年マルクスの遺稿の中から、カウツキーによつて発見され、並々ならぬ苦心の結果、一般読者が近づきうるやうな形にまでととのへられたものである。翌年彼の編輯するノイエ・ツァイト誌上に発表され、同年ストーンの英訳本に採録された。（新版序言参照）

この訳本の冒頭におかれてゐる『経済学批判序説』は、配分学説の発展史的見地から見て興味に充ちてゐる。マルクス一個人の生涯においても、彼の思想には発展があり、そして配分観念は後に至るほど明確となつた。右の一篇ではそれが明確でなく、分配の観念とねぢれ合つてゐる。また経済の本質に関する彼の見解は、ここではまだ全く個人的世界すなはちロビンソン的世界の否定にとどまつてゐる。後に『資本論』では彼はロビンソン・クルーソーの孤立生活のなかに、すでに『価値のあらゆる本質的な規定が含まれてゐる』ことを発見し、それを説明するに至つた。これに反して一八五七年八月二三日と日附のあつたといふ右の一篇では『社会の外部における孤立せる個人の生産といふことは、――それは稀には文明人が偶然に荒野に迷ひ込んだ場合に起り得るのであるが、かかる文明人は既に諸々の社会力を能動的（dynamisch）に有してゐる――共に生活し共に語る個人なくしての言語の発展といふに等しく、一の背理である。』と論じてゐる。すなはちはじめマルクスは、孤立人の自給的生産といふことは相手なき言葉といふにひとしく『一の背理』であると考へたものであり、この考は後に至つて彼自身によつて翻されたものと認めなければならぬ。価値法則の背後の法則としての配分法則が明確となれば、それが最後に個人のなかに辿《たど》りうべきは自然の数であつて、マルクスにおける配分観念は、『資本論』においてその正しい極点を示したのである。この見解はマルクス学者の見解にたいして暫《しばら》くは対立的のやうに見えるに相異ない。『経済学批判序説』第一節『生産一般』は右の視角から見て、第一に興味がある。なほこの一節には、総体としての社会的生産、全体の各部分としての生産諸部門の観念が明かにされてゐる。『生産諸部門の大なり小なりの一つの総体のうちに活動してゐるのは、いつでも一の特定の社会体であり、一の社会的主体である。』――この客観的な・社会的な・全体的なマルクスの見地は、配分観念の成立に好箇《こうこ》の前提である。蓋《けだ》し配分の観念は、かならず配分主体、配分総量並びに配分諸部門の想定を含み、そして右の見地はそれを包摂するからである。

第二節『分配、交換、消費に対する生産の一般的関係』――それこそは興味の焦点である。配分観念が分配の観念とねぢれ合つてゐるといふのは、この一節である。――『分配は、生産物が個人に帰属する比例（分量）を決定する。交換は、個人が分配によつて割り当てられたる分け前を、如何《いか》なる生産物で要求するか、を決定する。』（一五頁）——茲《ここ》に分配とは旧経済学の四分法にいはゆる分配である。分配には必ず分配参与者の想定を含み、それは個人または階級である。（分配参与者の反面は、生産参与者である。）配分においては必ず配分諸部門の想定を含み、それは決して人間そのものではありえない。それは生産諸部門か然《しか》らずんば消費諸部門である。その根柢的なものはいふまでもなく欲望諸部門である。欲望諸部門が消費諸部門を構成し、消費諸部門が生産諸部門を構成する。別言すれば需要配分は供給配分を規定するのである。マルクスがここにいふ分配とは、各成員への総生産物の配当をいふのであることは明かである。次ぎに問題は交換である。『交換は、個人が分配によつて割り当てられたる分前を、如何なる生産物で要求するか、を決定する』とは、交換関係はすなはち配分関係の一現象形態であるといふことを示すものである。いかなる生産物で要求するかとは、割り当てられた総量（所得または分配分）をいかなる種類の生産物で要求するかとの意味であり、その意味のなかには、いかなる種類のものをいかなる比率において要求するかとの意味を含んでゐる。右はマルクスが彼の時代の経済学の構造——『生産、分配、交換、消費は一の規則正しき三段論法をなす』ところの構造——を批評した部分のなかの一節であるが、マルクスみづから交換を分配の次に説明するのは、個人の消費配分（『如何なる生産物で要求するか』）を考へるがためである。蓋し個人の消費配分は、消費総量を前提し、彼の消費総量は彼の所得または分配分である。したがつて分配を前提せずに消費配分を考へることは一応不可能なのである。配分と分配との理論的関聯《かんれん》について一層詳しい考察は、『資本論』中商品分析の部にゆづる。ここにもつとも興味あるものは次ぎの一節である。——

『最も浅薄なる見解においては、分配は生産物の分配として現れ、かくて生産とは遙かに離れたもの、生産に対して準独立的なもの、として現れる。しかし分配はそれが生産物の分配である前に第一には生産手段の分配であり、且つ第二には、更にこの同一の関係の別の規定たる、種々なる種類の生産への社会成員の分配（一定の生産関係のもとに個人を包摂すること）である。生産物の分配は、明かに、この分配——生産過程それ自体の内部に含まれ、生産の編制を規定するところのもの——の結果である。生産に含まるるこの分配を無視して生産を考察することは、明かに空虚な抽象であると同時に、逆に生産物の分配は、本原的に生産の一要素を形成するところのこの分配に伴うて、おのづから定められるものである。』（二一八—二一九頁、傍点圏点は大熊）

マルクスはそこで明かに二つの点を指摘してゐる。第一の点は生産物の分配としての分配に先立ち、生産そのものにすら先立つて存在してゐる歴史的・社会的分配関係である。生産そのものにすら先立つのであるから、それはむしろ『先経済的事実』ともいふべきものであり、そしてしかもそれは生産を規定するのである。たとへば征服民族が土地を彼等のあひだに分配し、土地所有権の一定の分配と形態とを輸入するがごとき、あるひは被征服者を奴隷となし、奴隷労働を生産の基礎たらしめるごときである。あるひは一国民が革命によつて大土地所有権を破壊して、小土地所有権たらしめ、あるひは一国の立法が、大家族における土地所有権を永久化し、または労働を世襲的特権として分配し、これを階級的に固定せしめるごときである。かかる分配関係は、全然生産の結果ではなくして、却《かえつ》て生産に先立ち、生産を規定するものである。マルクスはこの事実を指摘する。すなはちかかる分配は、生産物の純経済的な自然法則的な分配（経済学の四分法にいはゆる分配）ではなくして、生産手段の原始的な分配である。

第二の点はやはり生産物の分配として分配に先立ち、生産そのものに内在してゐるところの一種の分配関係である。マルクスに従《した》がへば、この分配関係は『種々なる種類の生産への社会成員の分配』である。しからばこれこそは社会の総労働の生産諸部門への配分を意味するのであつて、我等はこの関係を二つの分配（生産に先立つ生産手段の分配と生産の結果としての生産物の分配との二つ）から截然《せつぜん》区別し、配分関係と呼ぶのである。なぜなら配分関係はそれ自体を遊離せしめて考察しうる性質のものであり、その遊離法は全体の関係を一層明確に把握する科学的方法だからである。配分関係はあたへられたる条件のもとにおいて、一つの自然法則にしたがふ。そしてその自然法則は、生産物の分配を支配する諸法則から一応独立して考察さるべきものなのである。

マルクスによれば、『分配はそれが生産物の分配である前に、第一には、生産手段の分配であり、且つ第二には、更にこの同一の関係の別の規定たる』配分であるといふことになるのであるが、配分をもつて先経済的分配（生産手段の分配）関係の『別の規定』であるとしたのは、全然分析の放棄である。マルクスはここで分配法則から完全に遊離せしむべき配分法則を発見してゐない。配分関係はそれが生産物（所得）の分配関係を前提し、生産物の分配関係は生産手段の分配状態を前提するといふ意味において、畢竟《ひつきよう》生産手段の分配状態によつて規定される。『社会成員』が『種々なる種類の生産』へいかなる比率において配分さるべきかの問題（このなかには社会的にいかなる生産物が生産されうべきかの問題を含む）の決定は、理論的説明の上では生産の結果としての分配が前提されなければ不可能である。なぜなら社会的総労働の産業総部門への配分は、社会的に決定するとしても、その社会的決定なるものは個人的な所得の消費配分の総和以外の何ものでもないからである。したがつてマルクスがここで次ぎのやうにいふのは、それが配分関係に関するかぎり正しいといふことをえない。――『生産物の分配は、明かに、この分配（生産手段の分配状態と社会的総労働の配分関係を意味する、大熊）――生産過程それ自体の内部に含まれ、生産の編制を規定するところのもの――の結果（！）である。』

もし生産手段の分配関係のみについていふならば、生産物の分配はその先経済的分配の『結果』であるといふのはよい。だが配分関係に至つては決して生産物分配の原因たるものではなく、むしろかかる分配関係を前提するものである。だから配分関係が『生産過程それ自体の内部に含まれ、生産の編制を規定する』といふのは正しく、また『生産に含まるるこの分配（生産手段の分配状態と社会的総労働の配分関係を意味する、我等はここでは後者に焦点をおいて論ずるのである。大熊）を無視して生産を考察することは、明かに空虚な抽象である』といふのも正しい。だが『生産物の分配は、本原的に生産の一要素を形成するところの此の分配（同上、大態）に伴うておのづから定められるものである』といふのは、明かに謬《あやま》つてゐる。

　この場合のマルクスの謬りは、要するに『先経済的事実』たる生産手段の分配と、社会的労働の配分関係（これには明白な自然法則のあることをマルクスは後に至つて発見した）とを同一事物の二面ででもあるかのやうに取扱つたことに帰する。だが我等の興味は、マルクスがすでにここで、配分関係をもつて生産関係に内在するものとして考へてゐるといふ一点にあつまるのである。生産手段の分配状態と労働配分の関係とを密着せしめたのは確に混同であり、また彼がみづから『最も浅薄なる見解』と称したところの、生産の結果としての生産物の分配なる観念を、やはり棄てえずして、それが生産手段の分配状態並びに労働配分に『伴うて、おのづから定められるものである』としたのは錯倒である。生産も配分も分配も消費も一如として把握されぬかぎり社会経済の本質は理解するをえない。配分は生産物（所得）の分配を前提し、その分配は生産を前提する。しかるに生産はすでに配分を内含せずしては考ふべくもないといふところに、是等《これら》のものの相関関係がある。かかる相関関係から独立してこれらの関係に先立ち、その前提をなすものは、ひとり生産手段の分配状態のみでなければならぬ。

　次ぎにこの書物の看過すべからざる箇処は、第一篇第一章の末段についてゐる『商品分析に関する学説史』である。この学説史こそ直ちにもつてわが配分学説史の第一部門たらしむるに足るものであり、マルクスはここで、ペテイ、ボアギルベール、フランクリン、スチュアート、スミス、リカアド、シスモンデイの七人を取扱つてゐる。我等自身の目的のために今いかなる文献を渉猟すべきかは、この簡単な学史が無上の手引である。——『商品を分析して二重の形態の労働に帰せしめること、即ち使用価値を現実の労働或《あるい》は合目的的な生産的活動に帰せしめ、交換価値を労働時間或は等一なる社会的労働に帰せしむることは、古典経済学——イギリスに於《お》いてはキリアム・ペテイに、フランスに於てはボアギルベールに始まり、イギリスに於てはリカアドに、フランスに於てはシスモンデイに終りし古典経済学——の一世紀半以上に亘《わた》れる諸研究の批判に依つて得らるる終局的結果である。』——これがマルクスの冒頭である。ここで取りあえず我等のなしうることは、マルクス自身が固有の目的をもつてしたこの小学説史を通して、我等自身の目的がどの程度に達せられるであらうかを試みることである。

ペテイは『現実の労働をば直ちにその社会的総容姿に於《おい》て即ち分業として理解した。』（五一頁）彼は『アダム・スミスがピンの製造についてしたやうに、懐中時計の製造について、分業が生産に齎《もた》らす利益を示してゐるばかりでなく、同時にまた一の都市、一の国全体を一の大なる工場として考察することにより、分業が生産に齎らす利益を示してゐる。』（五三頁）だが生産能率の視点からする分業論は、配分学説と直接には無関係である。必要なのは社会的生産における総労働の配分の具体的容姿を説くものとしての分業論である。『あらゆる特殊なる生産的業務の総体（Totalitat）としての分業は、素材的方面より見たる、即ち、使用価値を生産する労働として考察したる、社会的労働の総体的容姿である。』

（四九〇）――このマルクスの見地こそ配分学説と直接関係をもつ。ペテイにおいて、分業論と価値説とがどの辺まで内的関聯性をたどりうるか、たどりえないかは、直接彼の著書について研究するほかはない。また彼の労働価値説がその理論の前提として、どれほどまで配分関係を明かに示してゐるかゐないかも彼の著作について直接研究するほかはない。マルクスによつて挙げられた彼の著書。――

1. Sir William Petty, Essay concerning the multiplication of mankind, etc., 3rd edition, 1686.
2. „ Political Arithmetick, etc., London, 1699.

次ぎにボアギルベール。――彼は『無意識にではあるが、事実上商品の交換価値を労働時間に分解した、蓋《けだ》し彼は、個人の労働時間が特殊なる諸産業部門に正しき比例に於て配分されることによつて「真実の価値」（la juste valeur）は定まる、となし、自由競争をばこの正しき比例を創り出す社会的過程なりと説いたからである。』（五五―五六頁、傍点圏点は大熊）ボアギルベールに関するマルクスのこの紹述は、筆者を驚倒せしめるに足る。配分学説史上、まづもつとも燦然《さんぜん》たる光彩を放つもの、あるひはペテイではなくして、仏《フ》蘭西《ランス》ルヰ十四世の一経理官ボアギルベールではあるまいか。彼はルヰの経理官でありながら『鋭き思索力及び精神力をもつて、被圧迫階級の味方をした』といはれてゐる。右の短い一節は、明かに彼が交換関係の本質を把握してゐることを示すものである。――自由競争による労働配分の正常均衡、その均衡を前提とする価値関係の正常状態の理論が、彼によつて明快に説かれてゐるもののやうに見える。配分の『正しき比例』とは正常配分比を意味し、正常配分比の状態はとりもなほさず正常配分均衡の状態に外ならない。ボアギルベールはいみじくも配分均衡の意識的前提のもとに彼の価値説をうちたてたものと見える。配分学説史の最初の頁にペテイを失ふとも、ボアギルベールを失ふべからずとおもはれる所以《ゆえん》は茲にある。マルクスによつて挙げられた彼の著書。——

1. Boisguillebert, Dissertation sur la nature de la richesse, etc.（刊行の年不明）

次ぎにフランクリンを論じた処で、マルクスが次ぎのやうに言つてゐるのが眼にとまる。——『重農学派にとつても、その論敵にとつてと同様に、焦眉の問題は、如何なる労働が価値を創造するかと言ふ事ではなくて、如何なる労働が剰余価値を創造するかといふことであつた。だから彼等は問題をばそのエレメント的形態に於て解決しないうちに、その複雑なる形態に於て論じたのである。これ総《すべ》ての科学の歴史的過程が多くの交叉し逆行せる経路を経て、始めてその真実の出発点に至るのと同じ事である。』なぜこの言葉が眼にとまるかといふに、この言葉は配分学説に関するかぎり、マルクスもまた『問題をばそのエレメント的形態に於て解決しないうちに、その複雑なる形態に於て論じた』一人であるといふことを想起せしめるからである。総じて『資本論』の冒頭商品論の理解の困難は、著者がその配分観念を真先に『エレメント的形態』に於て説くことなしに、——すなはちまづ商品の秘密と幻術との只中に読者をおいて、思ふ存分彼等をまどはすと言ふところからくる。さうして散々読者をくるしめた揚句《あげく》、『商品世界のすべての神秘、すべての魔法妖術は、吾々が他の生産諸形態（それは畢竟他の配分諸形態といふことだ。大態）に逃避するや否や、直ちに消滅するのである。』といふ。それからすぐにマルクスのロビンソン物語がはじまるのである。だからもしも『資本論』の冒頭が配分観念の『エレメント的形態』たるロビンソン物語からはじめられてゐたならば、そしてロビンソンの時間配分に於ける均衡性を説明されてゐたならば、読者は真先にすべての生産形態に通ずる一般的法則（配分法則）を理解することができ、そして商品社会に於けるその法則の現象形態は交換価値であるといふことを理解するのに何等の困難をも感じないであらう。――だがさうすると、むしろ資本主義社会の一種の合理性と秩序性とが強く読者に印象して、マルクスの所期に反するやうな結果を惹起《じやつき》しないともかぎらない。それはともかく、商品分析の主たる目的は、『価値』をとほして商品生産社会に於ける配分関係を理解するにあるといふも差支《さしつかえ》なく、その分配関係の『エレメント的形態』をまづロビンソンの時間配分のなかに理解するならば、読者は『その複雑なる形態に於て』論じられた商品論を容易に通過しうるに相異ない。この点についてさらに詳しくは『マルクスのロビンソン物語』の方にゆづらなければならぬ。そこではマルクスに於ける配分原理が主題である。

註　本篇の第一、第二節には、東京朝日新聞昭和三年十二月二十四日から同二十九日に亘つて連載された小篇『配分と分配』の内容と往々重複する部分がある。筆者がこの重複を避けなかつたのは、右の小篇が本篇のデッサンに外ならぬためである。

をはり

諸家の批評に答ふ

『経済本質論』（『配分原理』第一巻）

日本評論社　一九四一年九月一日　所収

序説

経済配分の問題についての基本考察、ならびにそれに関聯《かんれん》ありとみとめられる諸学説に関する学史的研究は、過去十幾年にわたるわたくしの、ほとんど唯一の題目であるが、いまにいたるまで成果が微々としてあがらなかつたことは、かへりみて恥かしい次第である。かりに経済学をいはゆる理論経済学の意味に、最狭義に、解釈したとしても、その理論の範囲内においてすら、配分問題の領域は一定の限界をもつのであるが、その限界内ですら仕事が一応終了したわけではない。いはんや配分問題と他の理論的な諸問題との交渉に関する考察では、十分満足な見透しさへ示したとはいへないのである。

わたくしの信ずるところでは、理論科学の領域には、なにひとつ気まゝにすゝめ得るやうな仕事といふものは存在しない。いはゞ煉瓦積みと同様であつて、一箇《こ》の煉瓦が正しくおかれてゐないならば、そのうへに他の一箇の煉瓦を、正しく安全に積みかさねることはできない。数学の理論や問題が数学の領域内で客観的なものであるとおなじ意味で、そしておなじ程度で、経済の理論問題も客観的性質のものでなければならないのである。配分理論ないし配分問題といふものは、そのやうな性質のものに属する。さうわたくしは確信する。この研究が終始無力なものにとゞまつてゐたとしたならば、それは研究者の個人的な学力と努力の不足によるのであつて、題目そのものが無意義なためではない。もし研究者に真にその人を得てをつたならば、配分問題についての基本考察も、学史的研究も、わたくしがこれまでなしえたところのものを遙に遠く越えて、発展してゐたであらう。したがつて、それらが国内学界の認承をうけた速度も、程度も、範囲も、現に見るところとは異なるものがあつたであらう。のみならず、それらが学界一般の注目をひき、批評をうけた程度も、あるひは大いに趣を異にするものがあつたかもしれぬ。しかるに、この研究が現に見る程度の位置に揺曳《ようえい》してゐるといふのは、わたくしの個人的な懈怠の証明ではあれ、題目そのものに固有の可能性や発展性の限度の証明ではない。――と、さう主張することが、すでに一つの主観的な自負の表現であつて、識者の笑ひに値することかもしれないのであるが、まづ所懐の一端を披瀝して論題の糸ぐちとする。

　わたくしのこれまでの研究にたいする批評の一半は、マルクス主義者の側から来たものであつた。他の一半は一般経済学者の側から来た。わたくしはそれらの一般学者にたいする答を怠つてゐたといふ非難をまぬかれることができない。第一には、高田保馬博士の拙論『配分原理』（東京商科大学『商学研究』七ノ一所載・拙著『マルクスのロビンソン物語』〔昭和四年〕所収・本書第二章）にたいする一批評である。[1] 第二には、高木友三郎博士の拙論『配分学説史考』（研究論集創刊号・限定版同題単行本並《ならび》に前掲書所収・本書第四章）にたいする一解釈である。[2] 第三には、伊東岱吉教授の拙論『マルクスのロビンソン物語』（改造一一ノ六・前掲書改稿所収・本書第五章）にたいする一批評である。[3] しかし他方において、赤松要教授の拙論『産業体系と経済配分』にたいする批評があり、さかのぼつて福田徳三博士の『マルクスのロビンソン物語』にたいする批評がある。

（1）高田保馬著『労働価値説の吟味』（昭和六年）一一―一六頁。

（2）高木友三郎著『生の経済哲学』（昭和八年）四三二頁。

（3）伊東岱吉『労働価値説の基本的考察』三田学会雑誌二六（昭和八年）ノ三、七九―一一三頁。

労働還元の一問題

第一の批評は、問題が或《ある》意味で中心点からはなれたところに提起されてゐるとはいふものの、高田博士の労働価値説批判における根本思想の一力点であり、理論問題としてすこぶる興味のあるものである。わたくしは労働価値説を完全な学理と信じてゐるやうな一部思想家と類をおなじくするものではないが、しかし同学説の根本思想ならびに思考方法そのものについては、価値論としての性格をはなれて、なほ別に現実的な意義と根拠とがあるのではないかと考へるものであつて、高田博士のいはゆる労働の異質性還元の問題は、なにかの機会に示教を乞ひうるまで、思索をとげたくおもふのである。これまでの範囲では、偶然の機会につぎのやうな見解の一端を述べたことがあつたにすぎず、それも学界においで発表できるやうな形式を執つたものではない。――『おもふに労働の異質性還元の問題を提起された高田博士のマルクス批判は、その論旨において、さきにアモン教授がリカァドオ批判においてとつたものと、おなじ系統のものである。だが、いづれにせよ、日本のマルクス学派がこの批判を反駁しえなかつたのは事実であり、博士によつてこの問題はマルクス価値論の「中心難点」とよばれてゐるのである。われわれは、こゝで価値論の問題にはいることはできないけれども、つぎの一点を指摘して博士の批判にたいする駁論の用意がどこにそなへらるべきかを示唆するにとゞめたい。――米、生糸、棉《わた》、鉄、石炭等々の貨物は、人間諸欲望の対象として、それぞれ決定的に異質性のものである。鉄が棉の用途に代位することは不可能であり、棉が鉄の用途に代位することも不可能である。これらすべてのものは交互的に代位すべからざるものである。しかるに人間の労働力には、このやうな意味における異質性は存在せず、一方的代位が可能である。このことは注意されなければならない。いかにもハイフェッツの演奏をだれも代理することはできないが、ハイフェッツ自身が煙突掃除夫のしごとを代理することはできるごとく、熟練労働から不熟練労働への代位は一般的に可能なのである。いかなる習練をもつてしても到達しえない稀有の才能については、これにたいして強い社会的需要が存在するかぎり、労働価値の原則はあてはまらず、稀少性価値の原則があてはまるのであるが、この例外は労働価値思想の全体としての構造を撃破するにたるものではない。生産が特定の地域に制限されてゐる或種の葡萄《ぶどう》酒が、労働価値原則の圏外にあることを指摘したものは、リカァドオ自身であつた。稀少性原理は労働原則の補助的原理たることを超えがたい。……労働価値説の構造は経済社会の全機構にたいする認識であるが、限界利用説や稀少性説は、本来的にさういう構造をもたないのである。[4]』で、いましばらくこの引用文にとゞめておく。

総じて主観学派の価値学説なるものは、一個人とその所有財との一般関係の認識から出発したものであり、だからして社会関係的な経済の基本規定の認識、すなはち労働の配分関係の認識を、本来的に具有してゐるものではない。のみならず、人類と自然との一般的交換関係（人類全体の対自然関係）の認識を、根底におくものでもない。しかるに労働価値説が素樸な学理のなかに経済生活の全体性にたいする認識をそなへてゐるといふ一事は、いはゞ久しく看過されてゐる盾の一面であり、限界利用学説や稀少性原理のごときものの企ておよばざる根本構造をもつたものである、といふことは注意に値する一事ではないかとおもふ。といつて、それは些《いささ》かも労働価値説の全般的な擁護の理由たるべきものではなく、また右にあげた見解が高田博士の当面の批判にたいする駁論として有効であると主張すべきでもない。こゝではたゞ今後の問題の方向を示すだけで満足しなければならない。『労働の同質性、又は還元可能の場合に於ける二の学説の結合が鮮明に又犀利《さいり》に仕遂げられてゐる[5]』といふ博士の簡潔率直な評語は事の序《ついで》に一論の補註として述べられたにすぎないものであるが、これすでに拙作『配分原理』が日本学界に期待しうるかぎりの最大の承認であり、最上の評価であつて、同論文の主題そのものについてはむしろ残された何ものもないのである。

（4）拙著『文学のための経済学』（昭和八年）二六〇―二六三頁。
（5）『限界効用説を基調としながら労働価値説の主張の骨子をとり入れること』の意味。
高田博士前掲書一三頁。

マルクス主義批評家の一例について

第二の高木博士による一解釈といふのは、わたくしの研究を突如として土方成美博士の所説に結びつけたものである。そのやうな解釈の典拠として想像される唯一のものは山田盛太郎氏の批評である。その山田氏の批評にたいしては、マルクス主義批評家諸氏に一括的に答へた他の機会に、忌憚のない言葉をもつて酬いたことがある。(6) 幾年後の今日、ふたゝびそれをとり上げる必要が生じようとはおもはなかつた次第であるが、たまたま高木博士の所説の唯一の典拠と化した形跡があるといふことになると、煩をいとはず改めて引照してみなければならないことになる。しかるに山田氏の拙著批評は昭和五年前後における日本のマルクス主義者の文章の一典型であり、当面の問題をはなれて観察してみても、興味ある資料だとおもはれるので、いま全文を転載して読者の自由な判断にゆだね、あはせてこの研究が前後の経過中に遭遇した最も猛烈な批評の一例として記念しよう。

『社会科学』第五巻第二号（昭和四年九月）の社会科学文献批評欄において、経済学一般の担当者は宇野弘蔵氏（東北帝大教授）であり、経済学史の担当者は山田盛太郎氏（東京帝大助教授）である。後者はその担当欄に序していふ、――『マルクスは、十九世紀における独逸《ドイツ》の古典哲学、英国の古典経済学、仏蘭西《フランス》の社会主義の「天才的完成者」である（とレーニンは記してゐる）。そのマルクスは、リカァドオをもつて、古典経済学の「完成者」なりとする。そこで二人の関係は明瞭である。その関係の把握の度合ひはひとによつて異る。以上は、最近に現はれた文献につき、三様の型相を示すであらう』と。そして挙げられたものは、（1）堀経夫『リカァドオの価値論及び其《その》批判史』、（2）河上肇『資本論入門』第一巻上冊、（3）大熊信行『配分学説史考』第一冊の三種であるが、第一の書についてはマルクスがリカァドオを批判する関係にあることの認識に満足の意を表し、第二の書についてはマルクスを俗化するの危険性』を含むものとし、第二の書についてはリカァドオとマルクスの関係の抹殺であり、法則否定であるとする。第三の書すなはち拙著についての全文はつぎのごとくである。

大熊信行『配分学説史考』第一冊、（昭和四年三月十一日発行、五二頁、附録三二頁）本書は、限定版『研究論集』創刊号所輯のものである。片々たる小冊子。
茲《ここ》にも一人の配分学者がゐる。何《いず》れその末流でもあらうか。だが驚くではないか。著者は『いまだ何人によつても試みられたことなく』（三頁）云々と、そのイニシァチブを要求する。念のため注意しておく。これは『マルクスのロビンソン物語。価値法則の背後に在るもの』（雑誌『改造』昭和四年六月号、一四―三一頁）の筆者なのだ。マルクス排撃者の一人なのだ。その『配分』とは何物か。それは、『労働配分の均衡に関する法則』（五頁）を基本とすると云《い》ふ。著者はこれに対して『非発展的な非歴史的な自然法則』（二四頁）と註し、また重ねて『経済学における理論の非階級的性質の一面』（二三頁）なりと記する。これ、生産力の展開並びに階級闘争の展開を基準とするマルクス学説の正反対をゆくもの。現在社会の『永遠性と調和』を説くもの。――そのことが二様に行はれる。其《そ》の一。著者は『マルクス経済学』と『ブルヂョア経済学』との対立の抹殺を意図する。例へば、マルクスと俗流ジェボンスとを同列におく。即ち曰《いわ》く『配分といふ語辞はマルクスの価値論のなかにあり、ジェボンスの価値論のなかにある』（四頁）と。其の二。著者は、リカァドオとマルクスとの関係を配分観念の発展として理解する。曰く『配分観念はリカァドオからマルクスに至つて極めて明確な、徹底的な形態をとつてあらはれた』（一六頁）と。

注意せよ。之《こ》れは、形態的＝並《ならび》に力学的諸規定の一切の『配分』への解消。そして併せて、リカァドオとマルクスとの関係の把握の、第一類並びに第二類の型相と異るところの、第三の型相が示される。第一類と第二類との差異は法則把握の度合ひである。第三類は法則否定である。(7)

まづ『茲にも一人の配分学者がゐる』といふ最初の文句である。いふまでもなく配分学者とは当時の山田氏の同僚である土方成美博士を指す。わたくしは『その末流でもあらうか』といふ譏《そし》りをうけてゐるのである。土方博士の『配分』といふ概念がいかなるものであり、そして博士の経済学が『配分』概念を中心としてどのやうに組織されてゐたかは、こゝで論ずるかぎりではない。たゞそれが経済学史的研究とは全く縁のない種類の独創であつたこと、したがつてわたくしの配分概念とはなんらの関聯《かんれん》もなく、近似点すらないものであることを一言するにとゞめる。近似点があるといへば『配分』といふ一つの用語であるが、われわれはたとへばイギリス語の Distribution といふ一語について、それが経済科学の範囲内だけでも、六七種の語義をもち、それぞれの場合にそれぞれ独立の意味につかひわけられてゐる事実を他の場所（本書四一六頁）で指摘した。わたくしが配分といふ用語を、所得分配の意味における『分配』から区別するために初めて使用したのは、大正十一年（一九二二年）十月のことであり、拙作『配分原理』の第一稿『生産力配分の原理』ができあがつた時期は、土方博士が『配分思想』を中心に理論的活動を開始されたよりも、少しく以前に属するのである。『配分』とは、たとへばゴーセッンの第二法則にいはゆる資力の種々なる目的へのふりあての意味であり、初歩的な概念としては、いさゝかも難解な概念ではない。土方博士の配分概念がそれと全く別箇《べつこ》のものであることを、他の反面から最も簡単確実に知る方法は、わたくしのいはゆる『配分』にあたるものを、博士が何と名づけてをられるかをさがすことである。博士はその方を『分配』といはれた。だが、このやうなことは山田盛太郎氏の批評の対象となつてゐる拙著そのものに説明されてゐることであつて、爾来《じらい》わたくしはそれ以上一語もつけくはへる必要を認めない。

おもふに土方博士のいはゆる配分経済学と、わたくしの配分原理とのあひだに、なんらかの関係があるのであらうといふのは、昭和五年前後の日本の学界ないし読書界の一部に存在した漠然たる一種の印象であつた。その二、三の徴候はわたくしのいまなほ憶《おも》ひだすことのできるものである。たとへば当時ベルリンに滞在中のこと、日本から新らしく見えたばかりの留学生N氏（K商大助教授）につかまり、配分原理は土方博士の配分論と同じものではないか、といふ詰問をうけた覚えもあり、一般雑誌の懸賞論文に、土方博士の『配分思想』と配分原理とを混淆《こんこう》してゐるのではないかとおもはれる例を見た記憶もある。経済学が日本に輸入されて幾十年になるけれども、大学の課程を了へても限界利用均等法則の一つさへ正しくは呑みこめないでゐる日本人が多いといふ事実に徴してみれば、この科学が日本の国土に根をおろしてゐる程度は、普通に信じられてゐるより遙かに浅いのではあるまいか。——これがわたくしのひそかに懐いた疑問であり、率直にいへば、土方博士の『配分経済学』のごとき所説の発生も、さうした当時の日本学界の特殊事情をかへりみることなくしては、理解すべからざるものであらう。

おどろくべきは、『配分』といふ主要な一用語が偶然同一であるといふだけで、なんらの識別もなく両者を一緒にして考へるといふ態度である。もしそれを真面目にやつてゐるのならば、これほど子供じみた、そしてこれほど日本の科学的水準の低さを語る実例は稀であらうとおもはれる。が、山田氏は果して両者を同一物と考へたのであらうか？　両者を同一視しようとする衝動はあつたにせよ、むしろ一つの悪謔《あくさま》として右のやうな言葉が放たれたものにすぎないとわたくしは見たいのである。同氏の批評の全体にたいする反批判は後段に節を改めて述べるつもりである。

（6）拙著『配分理論』（改造社版経済学全集第六巻・昭和五年）序文。

（7）『社会科学』五ノ二、二七二—二七三頁。

別種の『配分思想』について

山田盛太郎氏においては以上のとほりである。しかしそれが高木友三郎博士の解釈においてはどうなつてゐるであらうか？

高木博士の学位論文として知られてゐる『生の経済哲学』といふ大冊の書物から、問題の一節を引きぬいてみる。これはまた私信によるわたくしの抗議も間にあはず、同書の抜《ばつ》萃《すい》たる『厚生経済論』といふ書物にもか丶げられたものである。

経済現象も生の一現象であれば亦《また》この形式を脱すべくもなく不断の均衡旋回運動であるが、その均衡破壊も経済則を実現せんとする結果でありその均衡恢復《かいふく》もまた経済則の実現を企図する為であるのは云《い》ふまでもない。即ち経済則の均衡運動とは小費用・大効用の差額剰余価値の均衡作用であつて、それは経済現象のあらゆる方面に亙《わた》り、生産にも消費にも交換にも分配にも見られる所である。

土方博士が経済は配分であると主張せられるのも此《こ》の均衡化にほかならず、この配分思想は大熊教授によりて一層の洗練を加へられてきたが、か丶る配分原理は何人も経済主義を規範として経済行為をなす限り、合理化と共に必然的に到達する論理的帰結でなければならぬ。

（二）まづ消費方面における均衡則は既述の如《ごと》く遠く之《これ》をゴッセンの人間行為則若《も》しくは享楽均等則に之を尋ねうべく、近くはリーフマンの限界収益均等則に求むる事ができる。それは費用が同一なる限り物の効用のみを比較してその最大余剰を享受せんとし、また若《も》し費用に差異ある場合は各財を得る為に費したる労苦とそれから得られる快楽との差引剰余を均等なるやう諸財の効用を按排《あんばい》しなければならぬと言ふ原則であつて、限界効用説がその根拠となる。(9)

右の一節は、同書第四篇（経済現象論）の第四章、均衡運動と題する第一節の『経済現象と均衡則』といふ見だしのあるところから引いたものであるが、いふところの均衡の意味は、いさ丶か漠然たるものであるにせよ、こ丶に述べられたかぎり、大体においてわれわれのいふ配分均衡が考へられてゐるのだといふことは疑ふ余地がない。著者によれば、均衡といふものは生産・消費・交換・分配の各部面において別々に見いだされるのみならず、それは別々の学理によつて別々に説明されるものであり、交換部面には等価関係の交換法則あり、分配部面には平均利潤法則ならびに利子・賃銀の自然率説ありといふ風である。が、これらの叙述の特徴は、前後を通じて十分に推理性を発揮しないといふ一点にあるので、これを理論的述作として批判することは断念しなければならない。わたくしは問題をつぎのやうに制限する。——土方博士は、経済は配分なり、と主張されるといふ。わたくしもまた経済は配分なりと定義する場合が往々である。では言葉の言ひあらはしの表面上の同一によつて、土方博士の『配分思想』とわたくしの配分理論とが前後継承発展の関聯《かんれん》にありと主張するのは正当であらうか？

もちろん正当ではない。経済は配分なりといふ命題は、たゞそれだけではなんらの意味をも齎《もたら》すものではない。必要なことは『配分』の意味内容の規定である。わたくしは人類生活の歴史のうへに最も早くから秩序化したところの生活の一側面を経済とよび、その秩序の本質を、物質生活における現在充足と将来充足との権衡に求め、その実践形式を資力の配分と名づけるのである。資力配分は現在充足において分岐してゐる生活上の諸目的にたいしても実行されるのであるから、いはゞその次元は二つだといへる。わたくしが経済は配分なりといふのは、『経済の本質は有限なる生活資力の生活諸目的にたいする合理的配分である』といふ意味なのである。配分学説史考（本書第四章）に述べたところと異なるところはない。いはゞ最も短い言葉で表現された経済本質論である。

おもふに高木博士の大著のうち、『経済の本質』(10)と題する一章のごときは、たしかに力作として認められなければならない部分の一つであるが、不幸にして著者は配分論をもつぱら均衡論としてのみ解釈された結果、これを現象論のなかで取りあつかふべきものと考へ、むしろ右にいふ『経済の本質』といふ一章のなかで考察すべきゆゑんを覚られなかつたものであらう。同章は前後七節から成り、やゝ羅列にすぎるきらひはあるとしても、内外博引の労は多とすべく、のみならず、著者の思索をくゞることの最も深かつた部分であることは疑ひがたい。もしなんらかの理由によつて、拙著『配分学説史考』を引照する必要があるとすれば、この一章こそその場所であるといふことに、博士は気づかれねばならぬ筈であつたらう。おそらくそれは同時に、土方博士の『配分思想』とわれわれの配分学説とを結びつけることが、どんなに荒唐無稽の業であるかを覚られる瞬間でなければならない。わたくしは土方博士の『配分思想』が何であつたかといふ問題にふれぬ。土方博士の『配分思想』が、それ自体として均衡論であるといふ高木博士の見解が正当であるかどうかも、こゝで論ずべきかぎりではない。事態を一段明瞭にするためには、土方博士の経済学の組織内容をつぶさに吟味して読者に報告するのがよいのである。が、事すでに十幾年の昔に属し、博士の論策には『配分思想』の残影すら認められない今日の事態において、果してそのやうな過去追跡の作業に意義ありやいなや、疑問とせざるをえないのである。

幸か不幸か、わたくしは土方博士とのあひだにいかなる学問上の論争をも構へたことがなかつた。博士の配分経済学が学界の注目を惹《ひ》いてゐた時分にも、わたくしは沈黙を守つてゐた。博士の当時の配分概念が、われわれのいふ配分概念と根本から異なるものであることを、今日の読者に知らしめる方法はいくらでもあるが、しかしこゝには読者を最も信批評をくはへられた。時期としては土方博士の所説が日本の学界における注視の的となってゐた時代のことであるが、しかし最初の拙作『配分原理』の発表を規準とすれば、すでにそれから約一年後のことである。

頼せしめるにたる方法を択《えら》むこととしたい。――高垣寅次郎博士は曾《かつ》て経済とは何かといふ問題を論じて、ワグナー、オッペンハイマー、シュルツ、ディール、カッセルから、福田、左右田、坂西の諸説におよび、土方成美博士の経済の定義については、次ぎのやうな

土方博士は経済を以《もつ》て財の配分なりとし、配分の意義を定めて、評価客体の支配を評価主体の間に分つことなりとせられた（土方成美博士、経済生活の理論、上、八頁）。そは財に対する支配権をば人格者間に分つことなりとするも、或《あるい》は所有を移転することなりとするも、凡《およ》そ配分と云ふことによりて我等の卒直に理解することは、有形無形に一つの統制者を想定し、それによりて主体間に客体の分たるゝ過程たるか、若くは全体と部分との関係に於《おい》て、主体によりて後者が前者より切り離さるゝ過程なることを通常とする。然《しか》しながら現に我等の理解せんとする経済は、必ずしも斯《か》くの如《ごと》き関係に立てることを必要とせぬ。以上の如き事実を表現せんとするには、配分よりは現に我国に於て一般に用ひられ来れる流通、若くは古くより行はるゝ所有の移転を以てするを直截《ちよくさい》簡明なりとする。財の配分には之を異なる主体間に分つことの外に、同一主体内に於て異なる目的間に分つことを考ふるを得べく、土方博士はこの内前者のみをとる。然るに今日

経済と考へらる丶ことの間には両者を包含せしむべく、一主体内に於て所得を種々なる用途に充当することの如き、明かに経済の範囲内に摂取せられねばならぬ。否斯くの如きは重要なる経済の内容をなすべく、封鎖的家内経済並《ならび》に流通経済組織の下に於《お》ける消費経済を以て、経済の重要なる一面なることを拒否すべき根拠は認むるを得ぬ。(11)

すなはち土方博士の経済としての配分の概念が、資力の用途配分にか丶はりのない事実を指摘してゐるのみならず、同博士のやうな概念規定が不当であること、むしろ資力の用途配分こそ『重要なる経済の内容』をなすものであることが、こ丶に高垣博士によつて立言されてゐるのである。今日からかへりみて、甚だ興味ある文献といはなければならぬ。おもふに土方博士の当時の所説なるものは、当時のわが国の経済学界の特殊な情況と結びつけることなしには理解すべからざるものである。それは一言にしていへば、方法論に憑《つ》かれたる一時代であり、この方法論時代はまた反面において、極度の懐疑時代であり、つまり伝統的な一切の理論を疑つた『経済哲学』時代であつた。経済学はほとんど常識的な最少限の基礎をすら喪失せんとしつつあつた時代であつた。およそ堅固な伝統的地盤のないところほど、『新学説』の跳梁《ちようりよう》に適した場所もないのである。

さて、こ丶に文献上にあらはれぬ一つの事実を述べることをゆるされたい。わたくしが均衡思想を初めて学んだのは、いかなる書物からでもなくて、大正十五年前後における(わたくしの病後における)中山伊知郎教授との談話および通信からであつた。わたくしは

『生産力配分の原理』といふ前述の論稿を、大正十一年以来自分のふところにしまつてゐたのであるが、事情あつてこれを学界に発表することができなかつた。(他の機会に述べることもあらうとおもふが、恩師福田博士からこれを差止められてゐた。)うちあけていへば、わたくしはこの研究に深い自信があり、そして自信を一層つよめたい気がし、学者の検討を当時求めてゐたのである。数理経済学の中山教授は、そのやうな意味でまづわたくしの接近することを欲した、そして接近することのできた学者の一人であつた。わたくしは高垣博士の紹介によつて、同博士とともに、初めて教授と会談の機会をえた。わたくしは教授によつて旧来の因果論から区別された均衡論の方法論的意義を学んだ。これをどのやうに配分原理の叙述方法に摂取しなければならないかを考へなければならなかつた。わたくしの考へたところによれば、経済学にける因果論も均衡論も非規範的理論としては同一のものであり、古典派経済学の構造はむしろ均衡状態を前提したものと見ざるをえない。数理派において分析の窮極到達点たるべき均衡が、古典派においては分析の一前提なのである。拙作『配分学説史考』の結構はそのやうにして生れた。近代理論としての均衡論が経済学のうへにもつ意義に関しては、おそらく理解の不足にもよることであらう。わたくしはなほ若干の疑問をもち、また別箇《こ》の希望をも懐くものであるが、しかしわたくしの配分理論が、発表の当初からして素樸ながら均衡論たる性格をそなへてゐたといふのは、主として中山教授との交友を通して学んだ近代理論の影響によるのである。土方博士の著作からの影響のごときは、何事もありえなかつたのである。

これらのことは晩年の回顧録でもあるならとにかく、いま時分、筆にすべきことではないかもしれない。わたくしは学術論文の形式としてゆるされざる個人的要素を混入したといふ非難をまぬかれがたい。のみならず、わたくしは学界一般から承認をうけた自家の研究事項について、言葉をつひやしすぎたかもしれない。だが、わたくしは田舎の学校教師であつて、直接の相手は二十歳前後の学生であり、そして学生といふものはあらゆる参考書を読み、活字で読んだものは大抵一応信ずる、という習性をもつ。眼をもつて眼を、歯をもつて歯を、といふ言葉があるが、活字を償ふに活字をもつてしないかぎり、事態は結着しないといふのが、現代の習性である。よんどころなく問題を底の底から説明すべく、そしてふたゝびかゝる問題によつて自他ともに煩《わずら》はされることのない状態をもたらすべく、あへて私事をも挿入する次第である。

高木博士による配分原理の解釈に関する問題は、以上をもつて尽きる。わたくしが博士の解釈を山田盛太郎氏の書評に由来すると想像するわけは簡単である。『生の経済哲学』に引用されてゐる小著は、不思議にもおなじ『配分学説史考』第一冊であつて、その後の『配分理論』でも『マルクスのロビンソン物語』でもないからである。もし博士の解釈の由来および根拠が別に存在するならば、幸に示教を乞ひたいのである。諸学者にたいする非礼を謝し、この問題を打ちきることにする。

（8）高木友三郎著『厚生経済論』（昭和九年）二六六頁。

(9) 高木友三郎著『生の経済哲学』四三一—四三二頁。
(10) 前掲書、一二七—一七〇頁。
(11) 高垣寅次郎著『貨幣の本質』(昭和三年九月)二七—二九頁。

日本的マルクス主義批評の特性について

問題の重点はむしろさきにか丶げた山田盛太郎氏の書評の方にある。われわれはまだ山田氏の『茲《ここ》にも一人の配分学者がゐる』といふ冒頭の一句にか丶りあつてゐたにすぎない。読者は考へられるであらう、しかも右の一句は書評全体から見ればほとんど取るにたらぬ枕詞にすぎないではないかと。そして前掲山田氏の書評を初めて一読された読者は、わたくしの研究にたいするマルクス主義者の批判こそ最も致命的なものではないか、と懸念されるであらう。しかしさきに一言したやうに、山田氏の批評にたいしては、マルクス主義批評家諸氏の批評に一括して応酬する機会のあつたときに、余蘊《よううん》なき反駁をあたへておいたのであつて、右の全文を引用掲載することこそ今度が初めてであるが、これにたいする反批判は果されてゐるのである。

わたくしはロンドン滞在中に、機会があつて、改造社版経済学全集第六巻に『配分理論』と題する前後三章から成る著作を寄せ、これに長文の序文をそへた。山田盛太郎氏等の批評にたいしては、第一にその序文が直接に応酬し、さらに第三章最後の節が間接に応酬したのであつた。(12) 後者は問題の主要点を究明したものであるにかゝはらず、反批評としての形式が間接的であつたためか、広く知られてゐない憾《うら》みがあるので、いま読者の便利のために要点を採録し、なほ今日の所見をそへることとする。——

マルクス経済学の目的は、『現象の変動の、その発展の、すなはち一の形態から他の形態への聯絡《れんらく》の、一の秩序から他の秩序への推移の法則』の発見にあり、その窮極目的は『近代社会の経済的運動法則』の『曝露』にある。したがつて、その性質において非歴史的な一般規定たる配分法則をそれ自体として考察することはかれの立場がゆるさない。さればとて社会的生産の諸形態において自己を貫徹する平均法則の作用を無視して何事を説きうるものでもない。この法則が一生産形態から廃除されえないことと、この法則が経済学の一体系から駆逐されえないこととは、まさに同一である。この法則が一定の歴史的生産形態の内部に一応の安定的平均性および全体性を附与することと、この法則が経済学の諸体系に脊柱《せきちゅう》的理論および均衡原理を附与することとは、まさに同一である。

だから、この法則はかならず何等かの形において、『資本論』そのもののなかに容姿をあらはさなければならない。——しかるに見よ、それを見失つた当時のマルクス批評家の一人は、次ぎのごとくマルクス『資本論』を解釈し、マルクス自身満悦をもつてこれを承認したのみならず、『資本論』第一巻第二版の跋文《ばつぶん》にみづから引用を敢《あえ》てし、その後のマルクス主義者はみづからの頭脳を労することなくして軽々しくこれを継承し、そして頑固にその見解を墨守しつゝある。以下かゝげるのは右にいふ跋文中にマルクス自身によつて引用された一批評家のマルクス経済学解釈である。——

しかしながら人或《あるい》は云《い》ふであらう、経済生活の一般的法則は一個同一のものであり、吾々はそれを現在に適用しようと過去に適用しようとどちらでもいゝ筈だと。ところが、これこそマルクスの否定するところである。彼にしたがへば、かゝる抽象的な法則は存在しない。……彼の意見にしたがへば、これと反対に、各々の歴史的時代はそれ特有な法則を有してをる。……人類の生活なるものは、一定の発展時代を生きつくすやいなや、ある一定の段階から他の段階へ移りゆくやいなや、それはまた他の法則によつて支配されはじめる。一言にしていへば経済生活は生物学といふ他の領域における発展史と類似的な現象を呈するのである。……古き経済学者たちが経済法則を物理学や化学の法則と比較したのは、経済法則の性質を誤解したのである。

これらの言葉は、一応マルクスによつて、『彼がマルクスの真の方法と呼ぶところのものをかくも見事に叙述し』とまで、肯定的に引用されたものの一部分である。だが、この一部分がいかに助からない程度において、クーゲルマン宛のマルクス自身の私信（一八六八年七月十一日）と衝突してゐるかは、すべての読者の看取されるところであらう(13)。

マルクス経済学における諸法則が一般に生物学的であるとの解釈は妥当であるが、しかし致命的なのは別にそれ以外にマルクスにおいて物理学的な法則の並存することを見失つた点にある。『経済生活の一般的法則は一個同一のものであり、吾々はそれを現在に適用しようと過去に適用しようとどちらでもいい筈だ』といふ見解は、配分法則に関するかぎり、マルクス自身も執らざるをえない見解であり、たゞかれは『どちらでもいゝ筈だ』とどといふ生ぬるい言葉づかひをせず、『自然法則は総じて廃除されえざるものである』と断然いひきつてゐる。しかるに右の一批評家の見解によれば、かゝる一般的法則こそ『正にマルクスの否定するところである』といふのである。かくも驚くべき誤解を含むところの批評を、マルクス自身が肯定的に引用した結果、『資本論』における経済法則の性質に関する片手落の解釈が一般に普及してしまひ、配分法則への理解の道は今日にいたるまで永らく封じられたまゝであつたのである。

われらはまづこの封印を打開しなければならぬ。クーゲルマン宛の書簡のなかでマルクスはいふ、『社会的労働を一定の比例に配分することのかゝる必然性は、決して社会的生産の一定の形態によつて廃除されるものでなく、むしろたゞその現象の仕方を変ずるのみ』と。またいふ、『労働のかゝる比例的配分が自己を貫徹するその形態は、まさにこれら生産物の交換価値である』と。そして最後にまた『資本論』のなかでかれはいふ、『労働の生産物の偶然的な且つ絶えず動揺する交換関係のうちにおいて、それらの生産物のために社会的に必要な労働時間が、規制的な自然法則として自己を貫徹することは、あたかも家が人間の頭上に崩れ落ちる場合の重力の法則の如《ごと》くである』と。——人間の経済生活における一般的規定としての配分法則が、生物学的でなくしてむしろ物理学的であること、またその作用の厳粛にして必然的なる、まさに『重力の法則』のごとくであることは、マルクス自身の右の表現に尽きてゐる。

これを要するにマルクス経済学なるものは、いはゆる発展法則以外に物理学的な均衡法則をもつ。この法則の本体はマルクスによつて十分に究められてをらず、マルクス主義者によつて従来無視されてゐたものだといふことができる。この法則一箇《こ》をとりあげて吟味をくはへるといふやうな仕事は、それだけとしては極めて狭い作業であつて、他の諸法則との関係すら一応きりはなして考察されなければならず、それはマルクスの体系にとつて、自己批判たるべき獅子身中の虫でもない。この研究を目して『これ生産力の展開並びに階級闘争の展開を基準とするマルクス学説の正反対をゆくもの』とする山田盛太郎氏の解釈は逆上的である。わたくしは『マルクス学説の正反対』をゆく諸学説の存在を別に知つてゐる。だが配分学説の研究はそれだけとしては、まだ一箇の法則に関する研究であつて、振幅において遺憾ながらマルクスの諸法則の規模に対応しうるやうなものではない。それはむしろ『資本論』自体にとつても、一つの臍《へそ》のやうなものだ。この研究の意図を過大視したのみならず、この研究の規模を過大視したことにおいて、山田氏は少しばかりあわて気味であつた。『経済学批判序説』のなかにあるマルクスの言葉をそのま、使つてみたい衝動がなければ、配分学説の研究を目して、現存社会の『永遠性と調和』を説くものだといふやうな解釈もおそらく生れなかつたであらう。マルクスは『序説』のなかで、『主体はいつも人間であり、客体はいつも自然であるといふことから生ずるところの、かの統一に心を奪はれて、本質的〔歴史的〕の差異を忘却しないやうに』読者を戒め、そして『このことの忘却のうちに、例へば現存の社会諸関係の永遠性と調和とを証明せんとせる、かの近代経済学のあらゆる智慧が横はつてゐる』と述べたのであるが、われわれの配分学説研究の動機にも、いはゆる『近代経済学者のあらゆる智慧』が秘められてゐるといふことになるのである。これが山田盛太郎氏のマルクス主義的解釈である。だが、この解釈をもつてしては、配分学説の研究が計画経済の原理的研究の方向へ直進しなければやまないといふ一面の性格を、説明することができない。マルクス主義者にとつては、マルクスがリカァドオやジェヴォンスと並べられるといふそのことが、もう我慢のできないことである。それらはすべて『マルクス経済学とブルジョア経済学との対立の抹殺を意図する』以外のものではないのである。赤くなつた腫物《はれもの》のごときこの神経過敏はそもそも何から来たか？

われわれは科学史のいかなる時期において曾《かつ》てこのやうな党派性を見たことがあるか？科学者が同時に一箇の政治主義者（党派主義者）であるといふことは、われわれはかならずしもこれを一般的に否定することはできないし、また一般的に非難すべき理由もないかもしれぬ。だが、われわれはいはなければならない、科学そのものの中へ党派主義を導入することは一般的に否定さるべきであると。党派主義がそれによつて科学の内部へ前進すれば、それだけ科学は後退するのであり、いかなる政治主義にもせよ、およそ政治主義が科学の本質を横切つて、それが科学をそこねないで通過することは絶対にありえないのである。科学上のあらゆる推理は、それ自身の道をもたなければならない。山田氏の批評態度のごときは、党派主義的逆上によつて、科学的な問題そのものの意味を理解する余裕をうしなつた一例であるばかりではない。同時に、経済学上の諸研究にとつて普通のことである部分的性質といふものを、わきまへない一例であるといふことができるであらう。

こゝに研究上普通に見られる部分的性質といふのは、およそ科学者が研究の特定領域における一定の展望をたもちながら、しかしその部分に自己の研究作業の部署を決定し、科学の全建築にとつてはたゞ一つの室房あるひは廻廊《かいろう》にあたるものの研究に身をゆだねるといふ自己限定の状態をさす。古往今来、最大多数の科学者は実にそのやうにしてのみ、科学上真に価値ある業績を遺《のこ》し、科学の発達に寄与することができたのであつて、このことは将来といへども変ることはないであらう。いかにも或《ある》種の研究は、その動機において、当初から部分的性質たるにとゞまることができない場合もあり、また部分的性質たる筈のものが、自己発展の結果、知らずしらず、その科学にとつて全体的な研究に転化することもあるべきであらう。しかし近代科学といふものは、『科学』といふ日本語そのものが見事に語るごとく、それ自体が分科学であるばかりではない。その個々の分科の発達は、また多数研究家による個別の細分的研究に須《ま》たずして、期待すべからざるものである。経済学が科学の名に値するならば、これもまた右にいふ近代科学に共通の性質をおびたものであり、部分的性質をもつた多数の研究の綜合的発展なくしては前進すべからざるものなのである。

しかるに経済学の研究領域では、これは別の機会（本書第四章）に指摘したことであるから、たゞ一言だけにとゞめるが、日本ではだれもかれもが、根本から基礎工事を始めようとする態度において、著しく哲学に似通つたものとなり、現実の科学内容にたいしては最初から超越批評的であるか、あるひは懐疑的にして追跡力不足ともいふべき状態に陥つてゐるのである。放縦・慢心・懈怠がその本質であり、学位論文のごときも時としては作文的なものの混入がみとめられる。このやうな事態のもとでは、十人の経済学者から十箇の経済学体系が期待され、Aが何か書けばそれはもうAの経済学、Bが何か出せばそれはBの経済学といふことになる。実に日本の経済学界はそのやうな風潮のなかを幾年となく経過しつゝあるのであつて、山田盛太郎氏もまたその風潮に影響されてゐる学者の一人なのである。同氏が『片々たる小冊子』にすぎない『配分学説史考』を、一つの新建築の出現のごとく感じられたといふやうなことも、右にいふ日本学界特有の精神情況を背景として考へてみなければ、理解できることではない。要するに山田氏もまた単なるマルクス主義者ではなく、あはせて昭和五年前後における日本的学者であり、すなはち時代的な一つの型である、といふことになるであらう。

(12) 拙著『配分理論』前掲経済学全集(改造社版)第六巻一二九―一三三頁及び同書二六一―二六四頁。引用に際し二三辞句を修正した。なほ同一問題はすでに旧著『マルクスのロビンソン物語』で取りあつかつてゐたわけである。本書附録第弐を見よ。

(13) クーゲルマン宛マルクス書簡については、本書第五章(特に二一八―二二二頁)参照。

マルクス・ロビンソンの再発見

第三に、慶應義塾の伊東岱吉教授の批評である。だが教授の批評に敬意を表するにさきだち、第一にわたくしは興味ある一事を読者に報告しなければならない。拙作『マルクスのロビンソン物語』はマルクスの価値法則の解釈にゴーッセンの第二法則を導入するといふ一つの試みであり、それはまた価値法則の本質としての配分法則なるものの一考察であつたわけであるが、そのやうな研究は決してわたくしの独占物でありえないといふことが、日本において証明された。伊東教授は拙論の発表よりおくれること約三十三箇月にして、殆《ほとん》ど同様の見解を同大学の機関誌三田学会雑誌に発表されたのである。――労働価値説における窮極の問題は労働と価値との必然的関聯《かんれん》の証明にある。マルクスによつて把握された価値形態は、いかなる時代の社会的生産をも貫徹する一つの自然法則(配分法則)が、資本制社会においてとる一定の現象形態である。したがつてこの配分法則の理解こそは資本制社会における価値形態の理解の前提であり、マルクス労働価値説を了解せしめる鍵である、といふのが教授の根本見解なのである。でさういふ見解のもとに、しかしわたくしの研究にたいしては予めなんらの関心を示すところなしに、であるから全く新たに独立に、『労働価値説の基本的考察』と題する論文を展開されたのである。[14]

この論文は約三十五頁にわたる長篇であるが、そのまさに終らうとする最後から二頁ばかりのところの一つの註で、拙作『マルクスのロビンソン物語』が一回だけ引照され、その引照は単に或《あ》る一点についてわたくしの意見に『賛成しかねる』といふことを述べるだけのためのものであつた。或る一点といふのは後段で説明するごとくであるが、こゝでわたくしは一つの感想をさしばさむこととする。おもふにわが伊東教授のこの場合における研究発表の態度は、かならずしも賞讃に値するものではない。教授がたまたま拙著の存在を知り、その内容を承知してをられることは、右の引照によつて明白な次第である。が、根本的に同一性質の研究がすでに同一国内においておこなはれてゐる場合、殊《こと》に普通の言ひ方では一つの発見とでもいへるやうな新らしい見解が発表されてゐる場合、そのあとに、それと根本的に同性質の見解を披瀝しようとするものは、まづ順序として先行の研究をとりあげ、これにたいする一応の態度を明かにすることが、一般に学者の義務ではあるまいか？　義務といへばかたぐるしい言葉であるが、さうすることが形式上からも必要なのではあるまいか？　それによつて読者も新らたに出現した論者の主眼点を容易につかむことができ、先行者もいちはやく自己を顧みる機会をえるのである。われわれは日ごろ科学研究における協同性と継承性とを強調しつゝ、あるものであるが、せまい国内においてすら容易にその実のあがらない実情は歎《なげ》かざるをえないのである。

感ずるまゝを述べさせてもらへば、わたくしは伊東教授が右の研究を発表されるまでに、二三の拙作から幾何《いくばく》のものを肯定的に摂取されてゐるのかを知りたいのである。わたくしはもちろん教授にたいして、まづ拙作の批評から出発されるべきであらう、などと主張することはできない。だが、きはめて性質の類似した研究では、一般に両者の相異点の強調がつねに必要であり、そしてその強調をなし得るものはいつも先行者でなくて後来者であるといふことは、すくなくとも注意をうながす必要のあることだとおもはれる。後来者はむしろそのやうにして真に後来者たりうるわけであり、しばしば先行者をくつがへして科学を前進せしめるにいたるのである。必要なものはつねに衝突であり、摩擦であり、軋轢《あつれき》であつて、回避や、独善や、黙殺や、密輸入ではない。論争なくして科学研究の協同性はありえないのである。

あるひは伊東教授の研究は、わたくしの著作などとは無関係に成立したものであるかもしれず、研究途上において慮《はか》らずも拙作が一顧をうけたといふ程度のことかもしれない。科学研究の領域において、そのやうなことが実際起りうべき性質のものであることは、曾《かつ》て他の拙著の序文にも述べた例があるごとく、梅井義雄氏の場合を考へてみれば明白である。[15] しかしわたくしがこゝで、つぎの一事にたいして伊東教授ならびに読者の注意をうながすことは、決して慢心ではないとおもはれる。梅井氏がだれよりさきに問題を発見されたといふ事情は、主としてわたくしの処女作『配分原理』の十分な理解を前提としたのである。わたくしが栂井氏についで、しかし栂井氏と独立に、同一問題を発見したといふことも、まつたく『配分原理』の自己理解に根ざすのである。『資本論』のロビンソン理論とゴーッセンの第二法則とが接合されるといふ運命の予感は、実は『配分原理』そのもののなかにみちみちてゐたのであつて、『配分原理』から『マルクスのロビンソン物語』までの距離は、まさに踏み板一枚なのであるが、しかし前者なしに後者に到達することは事実において不可能であつた、といふこと是《こ》れである。

すでにゴーッセンの第二法則と労働配分論とを結びつけることによつて、二つの価値学説の内面的関聯《かんれん》をたどるといふ試みは、その成敗はともかく、ツガン・バラノウスキーにおいて夙《つと》に見られるところであつた。科学上同種の考へ方が、種々なる人々の頭脳に前後して泛《うか》びうるものであることは、限界利用思想の発生史そのものが大いなる実例である。伊東教授の研究発表から一年ほどおくれて、おなじ大学の小泉信三博士が、これまた伊東教授とは独立に、価値問題にたいする根本的な綜合見解を述べられた時、ほゞ同様の思考方法を示されたことも、われわれの記憶にあらたなところである。ツガンの説については、わたくしは別の機会に余蘊《ようん》なく論じたつもりであるし、小泉博士の綜合説にたいしても、卑見の一端を忌憚なく発表したのであるから、こゝではそれらに触れる必要はないとおもふ。(16)

たゞわたくしは考へるに、ゴーッセンの第二法則があのまゝのものとして把握されてゐるのでは十分でなく、まづこの法則が表現されてゐた基本概念および命題そのものを一旦破壊し、できるならば一切の言葉を忘却し、生活事実の直感から概念の再構成をなしとげなくては真に用をなさないのである。ツガンの失敗も、ブハリンのツガン批判における本質的な失敗も、原因の根本はそこにあるのではないかとおもはれる。いはゆるゴーッセンの第二法則とマルクスのロビンソン理論の結合といふやうな科業上の些末《さまつ》な一作業といへども、それが成立するまでには相当に長い思索の地下行程が必要だつたわけであつて、事の成るは成るの日に成るにあらず、それは決して忽然《こつぜん》と生れたものではない。このやうなことをみづから述べるのは、著作者としての慎みもLarge虔しさもない態度であらう。しかし科学研究といふものの成立が、一般にどれほど厄介なものであるかといふことを、こんな些末な一例についてなりとも、読者によつて了解してもらへるならば、この告白も無用ではないとおもはれる。伊東教授の研究がいかなる行程を経て現に見るやうな帰結に到達されたかは、われわれの全く知るあたはざるところである。

十九世紀末葉以来、労働価値説と限界利用説との綜合を企てた学者の数は幾十に達するであらう。われわれは言語の障壁によつて諸国の情況をつまびらかにする自由をもたないが、シュパン教授が曾て列挙したやり方によれば、ツガン・バラノウスキー、ゲレスノフ、オッペンハイマアなどの『マルクス主義者』や、ロバート・リーフマンなどまでがさうである。最近二十年間に、おなじ問題に接近した日本学者の数だけでも、十指をくだるまいとおもはれる。

マルクス・ロビンソンの発見は、いはゞコロンブスの卵のたぐひであつた。二番目の人がおなじ卓上に卵を立てた時には、その意義は一変する。わが伊東教授によれば、限界利用均等法則は『一定の修正を加ふれば』マルクスの配分法則を『解明』し、限界利用学派の考へ方は『却《かえつ》てマルクスの労働価値説を支持し、補綴《ほてい》するものであることに驚かされる』とのことであるが、教授自身、問題の鍵を発見して驚愕された様子は、『驚かされる』といふ言葉のうちに窺《うかが》ふことができる。たゞ、教授が『驚かされ』たのは第一の卵によつてであるか、第二の教授自身の卵によつてであるか、あるひは二つの卵の並立に『驚かされ』たのであるか、それらの事情を窺ひ知ることはできない。長篇論文ではあるが、その点をうかゞひ知ることのできる場所はない。しかし同論文には、わたくしが個人的に慣用する『配分』『比例的配分』『労働配分』『労働配分法則』『個人的消費秩序』などといふ種類の用語が頻《しき》りに見え、意味内容もそれぞれ異るものでないやうにみえるので、わたくしとしては親しみをおぼえること大抵ではない。いまは教授の研究内容を紹介すべき余裕がないので、たゞその輪郭と性質の一斑を右のごとく読者に報告するにとゞめ、そしてそのなかでわたくしが蒙《こうむ》つてゐる批評の部分にたいしては敬意を表し、なほ伊東教授のマルクス解釈の態度にたいしては、一言の評語をくはへることとする。

いつたい、伊東教授の研究態度にあらはれた科学的協同の否定に近いやうな一傾向については、すでに指摘したとほりであるが、わたくしはこれをもつて、多少とも日本学界をつらぬく一つの悪風であると、断定しなければならぬ。のみならず伊東教授がマルクスを『救』はねばならないとされるかのやうな態度は、一部の党派主義者と軌を一にするもののごとく解される慊《きら》ひがあり、先行者無視の前述の態度のごときも、あたかも階級的態度のごとく取られる惧《おそ》れがないとはいへぬ。わたくしは教授が左翼的な党派主義者であると毫も信じてゐるのではない。ゆゑにこそ、言説の発表態度を戒めあひたいのである。これはわれわれ相互の問題であり、より多く自戒の問題である。

(14) 伊東岱吉『労働価値説の諸問題』三田学会雑誌二六ノ八。同『労働価値説の基本的考察』同誌二六ノ三。

(15) 本書附録第弐『マルクスのロビンソン物語』序文の栂井義雄氏に関する一節を見よ。なほ栂井氏は現に『戦争・財閥・軍需工業』(昭和一二年) および『独逸《ドイツ》の証券及株式会社統制』(昭和一六年) の著者と同じ人である。

(16) 前掲『経済本質論』第五章並びに同第四章第十一節 (二四五―二四九頁)。前者はツガン批判、後者は小泉説の批評である。これらの内容は、いづれも本書後続の第二巻に収録されるであらう。

配分比例の規制要因は何か

さて、拙作『マルクスのロビンソン物語』にたいする伊東教授の批評は一言につきる。それは全体的な批評ではなくて、数語から成る一辞句の解釈の問題にすぎない。わたくしの解釈にくはへるに、新たな一解釈を追補しようとするものであるが、わたくしは喜んでそれに同意せざるをえない。と同時に、その結果として何事かが起るだらうと想像するのは問題の性質を理解したものではない、といふ一事を指摘せざるをえないのである。

問題はかうである。――マルクス・ロビンソンの労働配分では、かれの総労働のなかで『どの機能がより多くの範囲を占め、どの機能がよりわづかの範囲を占めるか』といふ問題は、マルクス自身によつて明快な説明があたへられてゐない。そもそも労働の配分比例を決定する基本要因として一般に考へられるものは、われわれはおもふに、（1）自然および収穫法則、（2）生産技術、（3）欲望体系および利用法則、（4）総労働時間等々といふやうなものである。が、これらのいづれか一つの要因に生ずる変化は、その要因の種類をとはず、かならずや総労働の配分比を変化せしめなければやまない。またこれを社会的労働の場合についていへば、所得の分配状態（生産手段の分配状態がその基本である）が、右にあげた要因以外の重要な一つとして加へられなければならない。労働配分の社会的な均衡状態なるものは、人口の増加によつても、技術の発展によつても、社会的欲望の変化によつても、国家の財政活動の急変によつても擾乱《じょうらん》されざるはないのである。しかるにこの問題に関しては、最も素樸な、しかも極めて不完全な、考へ方しかもちあはせなかつた十九世紀中葉のマルクスにとつて、ロビンソンの労働配分に理論的透徹が必要であらうなどとは考へられることではない。かれは無雑作にかういつた――ロビンソンにおける労働の配分比は、『目的とする効果を得るために克服すべき困難の大小によつて定まる』と。

このやうな叙述は、しかし今日から見れば、配分問題にたいする答としては、答にして答にあらず、といふより外はない。

こゝに述べるのは単なるマルクス批評ではない。『われらはマルクスにおける配分関係の分析は極めて不完全であり、素樸であり、わづかにして直《す》ぐ挫折してゐることを知つた。この一点におけるかれの科学的分析力のあからさまな限界は、かれが生活し、そして読み、且つ思索した時代の経済学の一般的な限界であることを考へなければならぬ。(17)』配分問題についての理論的透徹は、いかなる問題についてもさうであるが、問題そのものの意義が闡明《せんめい》されない時代に存在するわけはない。マルクスのロビンソン物語に比べれば、むしろおなじ場所で、それに続いて述べられたところの『自由人の団体』についての雛型的な説明の方が遙に理論性をもちそして或《あ》る程度の分析に堪へうるのである。(18) 拙作『マルクスのロビンソン物語』の中心的な大部分がロビンソン分析ではなくて、『自由人』社会の分析に終始してゐるといふ事実に徴しても、このことは理解されなければならない。その場合においてさへマルクスの分析は寸時にして挫折したのである。ロビンソンにおいては、たゞ『必要そのものが彼を強制して彼の時間を彼の異なれる諸機能の間に正確に配分せしめる』といふ一筋の命題が、これらの諸関係のうちに『価値のあらゆる本質的な規定が含まれてゐる』といふもう一つの命題とともに、真に永久に生きる。その他の大部分はマルクスにおける例の文学的要素にすぎない。総労働の配分比例はいかにして決定するか？マルクスの答は答にして答にあらず、――『目的とする効果を得るために克服すべき困難の大小によつて定まる』といふ以外にない。

仮想の孤立人の労働配分を規制する基本要因として挙げられるものが、二三にとゞまらないことはすでに指摘するとほりである。だが、その主動因として、意欲の体系をあげるといふことは、しばしばマルクス自身の態度でもあつた。『必要そのものが彼を強制して彼の時間を……配分せしめる』といふ冒頭の一句がそれを示す。さらにクーゲルマンあての有名な手紙がそれを示す。配分比例の規制的要因として意欲の体系が重要なだけではない。配分諸部門の分岐そのものを規制する要因としても、意欲の体系が主動的でなければならない。(19)

といつて、人間の諸生産がその環境たる自然によつて一層根源的な規制をうけてゐることも看過すべからざる事実である。ヱスキモーが主として漁撈に従事するといふ現象は、その規制の単純な現れにほかならない。さらに生産配分比の規制要因の一つとして、生産力・生産技術もまた加算されなければならぬ。技術の一発展は新たな生産部門を起し、あるひは旧い部門を廃滅せしめ、あるひは一部門の労働配分量を激変せしめるかもしれない。変化の方向は、或時《ある》は増加に或時は減少にむかひ、或時は変化しないであらう。いはゆる欲望の弾力性によつて決定せざるをえないのである。技術の発展により、したがつて費用の低下によつて、その生産部門に労働配分量変化の契機が生ずるのはいふまでもない。しかし量の変化そのものの規制にあづかるのは欲望の弾力性以外のものではない。技術または生産力が生産配分における一般的規制者であると主張するのはよいが、それのみが『終局的』な要因であると主張することは、問題の解明のために役だつものではない。むしろ配分問題にたいする理論的理解の不足を語るにすぎぬ。

伊東教授の力調点は、右にいふ技術または生産力が労働配分における『終局的規制者』であり、社会的欲望は『被規制者』であるといふのに尽きる。[20]『社会の生産諸力の発展は社会的必要労働時間を変化せしめ、この終局的規制者の変化は労働配分の変化を惹起《じやつき》せしめずには止まぬ』と、おそらく何人もこの見解に異存のあるものはあるまい。しかるにこの単純な見解は、わたくしの蒙をひらくがごとき形式において述べられてをり、そしてそれがわたくしにたいする批評の骨子の一つ（他にもう一つある）にさへなつてゐるのは意外といはざるをえない。わたくし自身が旧来それについて何を述べてゐたかを示すために、いま、殊更《ことさら》に最も古い作品である『配分原理』から一節の引用を敢《あえ》てしてよい。その一節とは『国民または世界の一切の産業を殆《ほと》ど無数にまで分割し、さらに愈々《いよいよ》分割せんとしてゐるものは確《たし》かに人類の欲望であり、欲望は生産秩序にたいする至高の規制者ではあるけれども、しかもその規制は社会の生産力の増進によつて更に規制されつゝ、あるものであることを看過してはならぬ』[21]といふのである。あらゆるものの主動的原因として『生産力』をもつてくることは、マルクス主義の通例の方法である。だが、あらゆる問題の分析がその方法一つで遂行できると考へるほど軽信的な態度があるだらうか。

以上、配分比例規制の問題に関して、わたくしがわたくしの批評家から示教をうけなければならないものは何もないことが明白となつた。のみならず、この機会に労働の配分比例規制の問題は、わたくしの批評家が考へてゐるほど簡単な理論問題ではないことを指摘することができた。国民の所得分配状態や、国家財政活動における予算の規模・方向等によつても、著しく左右されるものであることも指摘した。わたくしの批評家がいかに簡単な考へ方をしてゐるかを示す材料が必要なら、もう一つ挙げよう。『生産力が各生産部門に於《おい》て均衡的に発展する限り、労働の比例的配分に変化を生ずることはない筈である』といふやうな、その推理は、およそ簡単すぎるといふことも、程度を越せばたゞの誤謬と化する一例ではあるまいか。

いつたい、わたくしは近代理論としての均衡論の性格については、むしろ多少の疑問をもつものである。すくなくとも配分のとり扱ひにおいて、配分比例規制の諸要因を考察する場合には、それら諸要因の意義および性質を考察することほど慎重な態度を要するものはないと信じてゐる。経済学の実践的性格を想ふものにとつて、この問題は重要である。わたくしはまだこの問題に没入したことはなく、いづれ没入しなければなるまいと決心はしてゐるものの、あるひはそれが誤つて、数理経済学の方法一般にたいするわたくしの根本的な批評となるのではあるまいか、といふ予感をもつ。(22) 注意すべきは次ぎのことである。配分比例の規制要因に関する考察は、問題の角度を更《か》へるにしたがつて、幾通りでも推理の系列が生ずるのであり、だからして『終局的』といふやうな観念によつて、幾つかのうちの或一つの推理の系列に執着するのは、事物を到底具体的に把握するゆゑんではないということ、――一般に『弁証法的』といふのは、決してさうした一面偏執を意味するものでもあるまい。これだけ述べておいて、最後にもう一度ロビンソンの問題にかへる。

(17) 本書第五章第五節(二三九・二四〇頁)参照

(18) 同、第四、五、六節を特に参照せよ。

(19) この見解は本書第八章第三節で最も強く述べた。

(20) 前掲伊東教授論文(三田学会雑誌二六ノ三、一〇九・一一一頁)。

(21) 本書第二章第二節(七三頁)参照。

(22) この予感の方向がいかにその後実現したかは、『政治経済学の問題』第二部の全体がこれを語るであらう。

なにゆゑにマルクスを読むか

マルクス・ロビンソンにおける理論性の稀薄さは、いかなる方向をもつてしても救ひうるやうなものではない。『資本論』におけるロビンソン的世界の仮想が、果たして労働配分論の単純な雛型としての意識をもつてのみ設けられたものであるかどうかさへ、窮竟的《きゆうきよう》には疑問の余地なしとしない。それにつゞく幾つかの世界が、かならずしも労働配分論の別々な雛型として述べられてゐない事実をかへりみれば、この疑問は容易に解けがたしとみなければならない。

われわれはしかし当面の問題をマルクス・ロビンソンの理論的稀薄性に制限し、その稀薄性を救はうとして企てられるすべての『積極的解釈』は徒爾《とじ》であり、科学的に無価値であるといふことを、この機会に改めて説明しなければならない。

いつたい、一人の科学者の著作内容が、あらゆる誤謬と不完全から、まぬかれうる場合があるものだといふ信仰ほど、非科学的なものはこの世にない。すべての思想家がその思想と任務とのうへに一定の限界をもつ、といふことは、しばしば説いたことであるが、同時に、すべての学者・思想家は、所説そのもののなかに誤謬と不完全とを包蔵してゐるのである。経済学は文学の一種のごときもので科学の一種でないといふならば、『資本論』の部分的誤謬を指摘することは、態度そのものにおいてすでに間違ひであらう。だが、いやしくも『資本論』をもつて科学の書と認めるかぎり、これにたいして弁護のみに終始することは、すでに科学者の態度を離れたものであるといはざるをえない。われわれがマルクスをもつて経済学説史上の天才の一人と認めるのは、あたかもマルクスが十八世紀のフランス人ケネーをもつて一人の天才とみなしたのとおなじ態度である。一人のなかに天才を認めることは、かれの業績のなかに不完全と誤謬を認めないことではない。殆《ほとん》ど一世紀にも近い昔の学者の、しかも経済配分などといふ理論問題が独立の意義を全くもたなかつた時代の著作の、しかも気まぐれ同様ともいふべき挿話的説話が、どうして今日の科学的な分析のメスに最後まで堪へうる筈があらうか？　また、どうしてそんな説話が今日の鋭利な推理方法と矛盾なしに調和せしめられうる筈があらうか？　およそ常識をそなへてゐるほどの人間ならば、そんなことは到底不可能だといふことを容易に判断しうるはずである。

わたくしは『マルクスのロビンソン物語』の結末において、利用理論としてゴーッセン法則を導き入れる必要から、ことさらマルクスのその場におけるNutzeffekt〔利用効果〕といふ一用語に読者の注意を乞ひ、いはゞこの用語に因《ちな》んで配分論における利用学説の地位を暗示しようとした。

『労働配分の規制者は労働そのもののみに存するのではなくして、労働諸部門において配分を要求しつゝある「利用効果」であるといふことが、マルクスによつて、幾分なりとも暗示されてゐる』と述べてゐるのが、すなはちそれである。が、このやうな『解釈』の挿入といふものは、次ぎにそのなかへ読者を導入しようとする最も重要な見解への推論の転轍《てんてつ》機たる以外、別段の意義を有するものではない。マルクス・ロビンソンの配分論が同義反復に堕してゐることや、分析がすぐに挫折してゐることを、その場所で指摘したわたくしのマルクス批判にたいし、マルクスのため抗弁につとめられてゐる伊東教授は、その抗弁によつて『マルクスは真に救はれるものと思はれる』といふ所信を述べてをられるのであるが、一人の学者を『救』ふことが科学の課題なのではない、といふことをわたくしは警告しないではゐられない。ロビンソン理論にかぎらず、経済本質論としてのマルクス配分学説のすべての部分が、今日われわれの眼から見て、幼稚な、未発達な、曖昧と不透明の繭につゝまれた蛆《うじ》であつた、といふことは掩《おお》ふべからざる事実であり、事は決してロビンソンの複合解釈などによつて決済するのではない。われわれの目的は経済配分問題の理論的性質を展開するにあるのであつて、スミスやゴーッセンが終局的な問題なのではない。われわれの研究目的は経済そのものであつて、経済学文献自体ではない。スミスも、マルクスも、ゴーッセンも、その他すべての文献も、たゞこの現実の目的に到達しようとするための手段以外のものではない。実に科学発達の停頓は、研究の準備過程そのものの興味にとらはれ、現実の問題をも、目的をも、忘却してしまふ瞬間からはじまるのである。

　とりあげて論ずるだけの意義があるかを疑ふのではあるが、なほ伊東教授によれば、わたくしがマルクスにおける『社会的必要労働時間』の二義を『混同』してゐるのであるといふ。『各部門への労働配分量と、生産物一個当りの技術的必要労働時間とを混同することは甚だしき誤りであつて、この誤謬はロビンソンを論ずる間はさほど目につかないが、一度《ひとた》び論を社会に移す時には直ちに重大なものとなつて来る。蓋《けだ》し、各部門への労働配分量は社会的欲望範囲に依つて決定されるが、各貨物生産の為《た》めの技術的必要労働時間は、社会的欲望とは独立に、生産力の発展に依つて決定せらるるからである』(23)と。しかし、この問題をわたくしが混同するどころでないといふことは、わたくし自身が特にマルクスにおける右の二つの意義を明かにするために、どのやうなことを拙著の序文に述べてゐるかをこゝに引用すれば十分であらう。伊東教授がわたくしにくはへられた批評の立場ともいふべき第一の点については、不可思議にもそれがわたくし自身の著作から抜きとられたも同様のものであることはすでに見たとほりである。が、批評の第二の骨子ともいふべきものが、またもや、わたくし自身の見解の上に立つたものであるといふにいたつては、右の不思議を二倍にする力があるであらう。わたくしは前述の序文のなかでかう述べた。

なかんづくマルクスの理論の看過しがたい欠点の一つは、『社会的に必要なる労働時間』といふ重要な範疇《はんちゆう》が、事実上、截然《せつぜん》区別さるべき二重の範疇――技術的および経済的であるにかゝはらず、この区別を闡明《せんめい》することなしに、両者をあたかも同一なるもののごとく取扱つたことにある。経済的範疇としての『社会的に必要なる労働時間』は、各商品のそれぞれの社会的必要量の生産のために配分さるべき社会的総労働の各配分量の意味であり、したがつてこの範疇が完全に理解されるためには、マルクスの配分法則にたいする完全な理解が必要である。(24)

いふまでもなく『社会的に必要なる労働時間』の意味は、従来貨物の一単位を規準とする社会技術的な意味に解されるのが普通であつたにたいし、実はマルクスにおいては二重の範疇であるといふことを指摘したものである。この範疇の二重性がすでに孤立人の想定から始まるゆゑんは、わたくしがおなじ著作の第二章に特に一節を設けて詳論したところであり、伊東教授がしばしば使用されてゐる『配分量』といふ用語のごときにしても、疑もなくこの場合のわたくし自身の個人的な造語であることを指摘せざるをえないのである。(25)
そこでマルクス・ロビンソンにおける『克服すべき困難の大小』といふ言葉の意味は、わたくしのいはゆる『技術的』範疇としての必要労働量の意味に解釈したいといふ教授の意見ならば、わたくしといへども容易に同意を表するところである。たゞしその結果として何事かが起るだらうと想像するのは問題の性質を理解したものでないといふことも、初めに断つたとほりである。たゞこの問題についての正当な見解を確立すべく努力した筈のわたくしが、逆にこの問題の所在すら知らない人間のごとく一批評家から論評されてゐるといふのは不思議なめぐり合せである。その批評家が慎重性のない人であつて、わたくしの著作全体を知らずに、たゞ二三行を拾ひ読みしたものにすぎないといふ場合ならば別である。伊東教授が相当に拙著を読みこなしてをられることは、配分論における教授の用語や用語例がわれわれのものとよく共通してゐることからもほゞ察しうるところである。わたくしは教授の批評態度を目して、少くとも拙著にかゝはるかぎり、科学者として賞讃に値するものだ、といへないことを繰りかへす。かゝる態度は、すでに述べた『階級的』態度の一種であり、それによつてこの国の科学的研究の進歩が阻害されたことは決して軽少ではないのである。わたくしは尋ねたい、伊東教授はなにゆゑにマルクスといふ一人の学者にのみ執着するのかと。かれの経済学をもつて経済学の至高至醇のすべてであると信じてゐるのか？　内心かれの革命主義を奉ずるがゆゑに、表面かれの経済学をも奉ずるといふのか？　なにゆゑにマルクス理論の『挫折』を承認するのに堪へられないのか？　なにゆゑにマルクス・ロビンソンを救はなければならないのか？　――教授は一応、これらの動機を反省される必要があるのでなからうか？　マルクス経済学の純潔を擁護し、その無誤謬無欠点を主張する必要は、党派主義者にあるのみであつて、科学の世界には存在しないのである。

くりかへしていふ、われわれの問題はマルクス・ロビンソンそのものにあるのではない。すでに伊東教授は配分法則の重要性を認識されたのみではない。主として、その性質を論ずるために、前述の長篇論文さへ発表されたのである。日本学界における配分理論の関係文献としてみれば、極めて大きな寄与たるをうしなはない。いはんや山田盛太郎・藤井敏夫[26]その他の批評家諸氏の問題解釈をかへりみれば、その本質的な理解の透徹において、かれとこれとは比較を絶するといふも断じて過言ではない。もし一言希望を述べることをゆるされるなら、わたくしは少壮伊東教授が自家の配分問題をマルクス経済学の領内に封ずることなく、濶達《かつたつ》にして自由な精神をもつて、現実直観の地盤のうへに展開され、他方あらゆる学派のなかに同種の理論を探求し、そしてあらゆる他の理論問題と同問題との基本関聯《かんれん》の分析にまで、進展されることをいのりたいのである。

わたくしが一批評家の論文の補註的な微々たる批評にむくいるために、多くの言葉をつひやしたについては、読者の意外とされるところであらう。だが、このやうな方法によつて、同時に幾つかの目的が、直接間接に果たされたと信ずるのである。

経済配分の問題に関する日本の諸学者の理解または解釈の情況について、総括的な評論をこころみる場合は他にあるにちがひない。宮田教授・佐原教授の書評[27]をしばらく別とすれば、わたくしは故福田徳三博士[28]並びに赤松要教授からうけた拙著批評をもつて、問題の最も困難なる部分に穿入《せんにゅう》したものと認め、次ぎの機会には両家の批評に即しながら、二三問題の考察を深めたいとおもふ。なかんづく赤松要教授の問題提起は、配分問題と密接な関聯を有する一二の理論問題について、これをいかにとり扱ふべきか、といふ重大問題の解決を迫るものがあり、この問題に答へることは、同時にわれわれの配分理論の自己限定を深めるばかりではない。現代の理論経済学の基本構造にたいする、われわれの疑問を一段と具体的に述べることとなるであらう。(29)

(23) 前掲伊東教授論文(同誌一一一頁)。
(24) 拙著『配分理論』(前掲全集第六巻一二八頁)。
(25) 前掲書二〇〇―二〇五頁を見よ。
(26) 藤井敏夫とは、三木清主宰『新興科学の旗の下に』に拙著批評を発表した匿名氏、本書附録第弐『マルクスのロビンソン物語』序文参照。
(27) 宮田喜代蔵『大熊信行「マルクスのロビンソン物語」』(国民経済雑誌四八ノ二) 佐原貴臣『大熊教授著「配分理論」』(研究論集三)。
(28) 福田徳三著『厚生経済研究』一五二―一八二頁。
(29) 赤松要著『ヘーゲル哲学と経済科学』三四九―三五二頁。同『経済生活の綜合的把握への管見』(国民経済雑誌五五ノ二)。本書第八章第三節の註(34)に述べるところは、教授の批評にたいする答として、いまだ十分なものといふことができない。(追記。

――これより後、わたくしは旧著『経済本質論』にたいして、多くの批評を受けることとなり、同書第二版には、新庄博、山田雄三、中山伊知郎、新明正道、宮田喜代蔵、板垣與一、難波田春夫の諸家の批評を収めたのであるが、その後、三田学会雑誌上にも、千種義人教授の批評があらはれた。これらすべてにたいして答へることは今後のわたくしの仕事の一つに数へられなければならぬが、その一端は、拙著『政治経済学の問題』において果たしたのである。)

解題

榊原昭夫

1

この復刻版の原本『マルクスのロビンソン物語』（以下、本書という）は、一九二九（昭和四）年十月、同文館から発行された。著者・大熊信行（一八九三〜一九七七）の経済学上の第一論文集である。

本書の刊行から数年あとで、著者は、こういうことを書いている。

装幀の失敗が、風変りの書名とあひまち、ある書店で童話類とおなじ書棚におさめられてゐたとつたへられたものは、拙著『マルクスのロビンソン物語』である。

（『文学のための経済学』、春秋社、一九三三年）

なるほど、本書の装幀は、見ようによっては、少年少女世界名作全集の愛蔵版といった趣がなくもない。少なくとも、学術書のようには見えないものである。しかも、書名に「ロビンソン物語」とあれば、これは、ダニエル・デフォーの『ロビンソン・クルーソー』のリライト版、あるいは、マルクスという人の漂流物語でもあろうかと思い込む人がいたとしても、不思議はない。児童書と同じ棚に本書が並んでいたという風聞も、多分、事実であったのであろう。

実際、戦後も一九五一（昭和二十六）年ごろ、『風の又三郎』と『アンクル・トム物語』との間にはさまれている本書を見つけて、神田の古書店で買ったという人がいる。文芸評論家・佐々木基一である。本書を読んだ佐々木は、「現代の寓話　日本のロビンソン」（『人間』一九五一年三月）というエッセイを書いた。佐々木は、「あの単純明快なロビンソン・クルーソーの労働を極端に観念的に解釈している」と評し、著者をからかっている。理論や科学とは遠い人のようである。しかし、本書が、名著と呼ばれ、経済学者としての著者の名前が本書の書名とともに人々に記憶されているのは、装幀や風変わりな書名のせいなどではむろんない。この論集の内容が、「配分理論」という、それまでの経済学の中ではそのような取り扱い方が存在しなかったものだからであり、そこで、対立する経済学上の二つの価値学説の総合が試みられているからなのであった。当時、京都大学の学生であつた松田道雄は、のちにこういっている。

マルクスの労働価値説と近代経済学との接点を労働時間の配分のなかにもとめた大熊信行の「マルクスのロビンソン物語」は当時の日本の経済学の水準で出色の論文であった。だが経済学についても「われらの経済学はただひとつ」マルクスあるのみであった私たちは、難解のゆえもあって大熊論文にとり組もうとはしなかった。

（松田道雄『近代日本思想大系 35 昭和思想集Ⅰ』解説、筑摩書房、一九七四年一〇月）

同じ京都大学の、もう一人の学生、北野熊喜男は、『マルクスのロビンソン物語』を読んだ時のことをこう振り返っている。

わたしの学生時代、大熊信行教授が『マルクスのロビンソン物語』という名著を出されたとき、すでにその「配分原理」のうちに、マルクス学派と近代経済学との調停の場が原理的に打ち出されているのを知りました。それはわが国での先駆的文献です。わたしはいまなお、その本をはじめて読んだときの感激を忘れません。

（北野熊喜男「ブロンヘンブレナーさんへの手紙」、『経済セミナー』一九六八年一月）

この二人の回想から、本書が刊行されたころ、この本が一般にどのように迎えられたかを、ある程度察知できると思われる。

2

著者の経済学上のテーマには、二つの大きな系統がある。一つは、配分原理（資源配分の理論）に関するもの。もう一つは、人間生命再生産論に関するものである。本書は、前者の系統の第一論集である。

本書は、今日では欧米の学者、O・ランゲやA・C・ピグウなどに先がけて資源配分の概念を確立し、経済における資源配分の重要性を指摘した一書と認められており、また労働価値説と限界効用説との総合を試み、その内的関連を明らかにしたものと認められている。

本書の収載論文は、のちに、後続の諸論文とともに、『経済本質論─配分原理　第一巻』（日本評論社、一九四一年）としてまとめられたことがあり、最終的には、『資源配分の理論』（東洋経済新報社、一九七五年）として集大成されていくものである。したがって、本書の内容は、後年の著作に収載されているものでも、読むことは可能である。しかし、昭和の初め、一九二〇年代の終わりから三〇年代の初め、日本の経済学界および思想界に鮮烈なショックを与えた本書の諸論文を、当時の形のままで読みたいという読者も、今なお少なからず存在する（著者には、公刊後の論文にも絶えず改修・推敲を加え、標題を改める傾向もあった）。さらに、古書としての本書が、稀覯本となり、法外な値段がついているという事情もあって、今回、復刻されることになった。

本書には、長文の「序」がついており、そこで、この本で取り扱われる理論的内容とその性格、および研究の経緯について詳しく述べられている。いわば、著者自身による「解題」がなされているわけである。したがって、以下は、「解題」とはいっても、著者の「解題」の周辺をさまよい歩くものであることをお断りしておく。

本書を構成している論文は次の四章であるが、その配列は発表の順ではない。経済学上のきわめて基礎的な問題に、一般読者を誘い込むための工夫だったと思われる。

A　第一章　マルクスのロビンソン物語
B　第二章　配分原理
C　第三章　配分原理の拡充
D　第四章　配分学説史考

これらの諸論文が『経済本質論―配分原理　第一巻』では、次のようになっている。

第一章　序説
B　第二章　配分原理――価値学説綜合の試み
C　第三章　配分原理の拡充――マーシャルにおける配分原理
D　第四章　配分学説史考――配分観念の確立
A　第五章　マルクスのロビンソン物語――マルクスにおける配分原理
第六章　経済配分の観念――史的発展の綜合解釈
第七章　配分原理と稀少性原理――カッセルにおける配分原理
第八章　産業体系と経済配分――アダム・スミスにおける配分原理

この書によって、著者の配分の理論は一貫性を与えられ、その中での、『マルクスのロビンソン物語』収載の諸論文それぞれの性格や位置づけがわかりやすくなっている。

ちなみに、著者のこの系統の業績の集大成である『資源配分の理論』となると、次のようになる。

第一部　生活分析による経済の理解〔略〕

第二部　価値論の総合と古典分析

B　第三章　価値論総合の試み――労働配分の原理

D　第四章　配分学説史考――配分についての総合的な観念の確立のために

A　第五章　『資本論』における労働配分の法則――マルクスのロビンソン物語

第六章　『諸国民の富』における労働配分の法則――スミス分業論の再吟味

第三部　配分原理の拡充と人間生産〔以下、略〕

つまり、本書は、著者の配分原理の研究の中核をなす初期論集であり、以後の研究の展開が予告されているものである。

3

本書第二章の「配分原理」が、東京商科大学『商学研究』（七―二）に発表されたのは、一九二七（昭和二）年十一月であるが、この論文の原形「生産力配分の原理」が成ったのは、一九二二（大正十二）年、著者の小樽高等商業学校教授時代であった。本書の「序」において、「私の手になる綜合説の基本体系ともいふべきものの雛形を組みたてた」とあるのが、それである。著者には、研究者としては駆け出しの自分に、二つの価値学説の綜合ができたこと自体が信じられないところもあり、恩師・福田徳三に校閲を乞うた。

福田の講評（返送原稿への書き込み）は、こういうものであった。

妄　評

非常にサジェスチーヴであり、他説の弱点を衝く所は首肯せしめらるる点が少くない。但し余り軽蔑的な言辞は耳障りで、却ってエフェクトを減ずる。

積極的主張は、確かに傾聴す可きものがある。然し生産力＝労働力＝労働量で、スッカリブチ壊しになって仕舞った。筆者の句調を藉りて云へば「ナーンダ、此の古狸であったか」と申さねばならぬ。

筆者は確かに、今一度、卵が一箇〔二字不明〕もする尚き町に立籠って、思索を立て直して、改めて出陣することを要する。

「生産力配分の原理」という論文は、本論と補論とから成っており、本論は二つの価値学説の総合の雛形であるが、補論というのは、内外の学者の費用概念を批判するものであった。「他者の弱点を衝く所」というのは、この補論の内容を指している。「古狸」とは、労働価値説のことを指しているのであろう。当時、福田徳三は河上肇と論争中であって、労働価値説をまるのみしているような、この門下生の論文が癇に触ったものと思われる。返送原稿より一足先に届いた福田の書簡には、次のようにあったという。

あたかも鶴を夢見て鶏を産みたるが如し、鶏が鶴に化生するまでは日の目に当ててはならぬ。

要するに、恩師・福田は、この論文を否定してはいないが、すぐに発表してはいけない、というのであった。これは、著者にとって大きなダメージであったにちがいない。それが原因ではないけれども、翌、一九二三（大正十二）年春、著者は体調を崩し、六月に休職、郷里・米沢で療養に努めることになる。失意の帰郷であったろう。病状ははっきりしなかった。津軽海峡を渡る連絡船の中で、こんな歌を作っている。

ふた月でなほってくるか、ふた月で死んでしまふか、どっちかであれ。
寝台の円窓によせて泣いてゐる阿呆の顔よ、波よ、来て打て！

結局、二月では健康は回復せず、茅ヶ崎のサナトリウムに入退院を繰り返す。全快したのは、一九二六（大正十五）年の春である。「序」に、「健康問題のために、手をつけたばかりの研究を見すて」て、一九二六年の二月に「ふたたびこの研究を自分の手にとり戻すことができた」とあるのは、こういったいきさつである。

一九二七（昭和二）年四月、健康を取り戻した著者は、高岡高等商業学校教授として赴任する。その前の二月、卒業論文の主要部分をまとめた『社会思想家としてのラスキンとモリス』が、新潮社から出版された。かつての歌の師・土岐善麿の斡旋によるものであった。著者の処女出版である。この本の「補綴」の一つとして、「生産力配分の原理」の中の「補論」の一部を収めた。「労働快楽説の経済純理への干渉」という一章がそれである。この部分は、本書で展開される「配分原理」の序説をなしている（『社会思想家としてのラスキンとモリス』も、近く論創叢書の一冊として復刻されると聞いている)。

この年、東京商科大学の『商学研究』の編集方針が学外にある出身者の論文も掲載することになって、著者への執筆依頼が届く。著者は、同期同門の赤松要、宮田喜代蔵とも相談のうえ、「生産力配分の原理」の「本論」の部分に推敲を加え、「配分原理」と改題して送稿した。これが、本書第二章である。発表までの数年間にいうに足る改善があったとすれば、中山伊知郎を通して学んだ均衡理論の影響によるものだ、と著者はいっている。

「鶴に化生」したと認めたのであろうか、福田徳三が、門下生の一人、著者の先輩にあたる金子鷹之助に書き送ったはがきには、「こういう論文が載れば、『商学研究』も出すだけの意味がある。」と、あったという。

4

論文「配分原理」を産み落としたあとの著者は、二つの価値学説の総合の試みそれ自体が経済学上の最高・最大の問題だという考えから離れて、この「配分の学理」が従来の経済学の体系の中のどこかに存在するはずだと考える。その学者が意識しているかどうかは別として、何らかの形でこの学理が内在するはずだという期待をもつようになる。そして、まず取り組んだのが、A・マーシャルであり、K・マルクスであった。マーシャルの経済学における配分原理の在り方を探ったのが、本書第三章「配分原理の拡充」であり、マルクスにおける配分原理の在り方を探ったのが、第一章「マルクスのロビンソン物語」である

そのような仕事を通じて、著者の中で固まってきたのが、経済学のあらゆる体系の中に、学派を問わず、配分の学理が潜在しているという考え方である。その大胆な断定のデッサンが第四章

「配分学説史考」である。著者の仕事は、このデッサンのうえに、A・スミス、G・カッセル……と進められ、のちに、学位論文の主論文「経済理論における配分原理の所在並びに適用に関する基礎的研究」としてまとめられる。その主要内容が『経済本質論―配分原理　第一巻』所収の諸論文。副論文は「生活の諸領域における配分原理の拡充に関する若干研究」で、その主要内容は『政治経済学の問題』（日本評論社、一九四〇年）所収の諸論文である。

5

一九二八（昭和三）年秋、著者は、マルクス『資本論』を読み直し、その第一部第一章第四節「商品の物神的性格とその秘密」におけるロビンソンと、著者が「配分原理」において設定した孤立の巨人像は、原理的に同じであることに気づく（もう一人そのことに気づいたのは、東京商科大学大塚金之助ゼミの学生、桝井義雄だった）。著者の仕事は一気に進み、十月、論文「マルクスのロビンソン物語」が成る。

この論文は、初め、『商学研究』の編集委員のもとに送られたが、同誌休刊中のため、すぐには日の目を見なかった。福田徳三は、著者からこの論文の要旨を聞いて、原稿を取り寄せて読み、当時の代表的総合雑誌の一つ『改造』に推薦する。こうして、この論文は、一九二九（昭和四）年六月号の『改造』に発表されることになる。

本書の「序」には、この本に収めたもの、つまり本書第一章は、『改造』に発表されたものの「推敲足らざる初稿」だとあるが、学術論文としては、この初稿のほうが整っているように、わたしには思われる。『改造』発表のものは、やはり、総合雑誌の読者を意識して推敲したものと察せられる。

本書の第一章は八節から成っているが、『改造』論文では九節から成り、冒頭に次のような小引ともいうべき一節が加わっている。

マルクス主義者並びにマルクスを批判せんとする者、――およそあらゆるマルクス祖述者及びマルクス研究者が、そのいかなる側からなりとも当然手を触るべくして手を触れずにゐるところの一点がある。この一点は看過された一点である。何人かが発見するのでなければ、経済学の視野に入らずにゐるところの一点である。しかも一旦発見されれば再び見失はれることのない一点である。なぜならこの一点の把握はそれ自体新しい宏大な展望を約束するからである。新しい展望とは何か。――マルクス経済学の発展は、かならずしもヒルファディング的方向のみにあるのではなくして、その逆に基礎理論の深化もまた疑もなく発展の一方向でなければならぬといふことの決定的な示唆。

また、『改造』論文のむすびは、本書第一章のむすび「……人類思想の休止なき発展を忘れたものである！」のあとに、こう続いている。

……マルクス主義者は過去幾十年マルクス価値説の擁護のために闘ひ、敵をして一指をも触れさせまいとした。――と同時に、自分達もこれに指を触れまいと決心して今日に及んだのである。――（一九二九・四・二九）――

この年（一九二九年）五月二十三日、著者は海外留学の途につく。驚いたことに、著者がロンドンに着く前に、『改造』論文への批判の載った雑誌（『新興科学の旗のもとに』）が届いていた。題名は「ロビンソン的マルクス主義」、筆者は「藤井敏夫」とあるが、これは匿名らしい。十月、著者留守中の日本で、『マルクスのロビンソン物語』（本書）が出版される。

著者の配分原理の研究は、マルクス批判を目的とするものではないのであるが、批評の多くは、マルクス主義者の側からであった。山田盛太郎（『社会科学』一九二九年九月）、有沢広巳（『中央公論』一九二九年一一月）、向坂逸郎（『経済往来』一九二九年一一月）といった人たちが批判の筆をとった。それらに対して、著者は、ロンドン滞在中の執筆になる「配分理論」（『経済学全集 第六巻』改造社、一九三〇）の「序」で応酬している（山田盛太郎の批評に対しては、この復刻版の付録「諸家の批評に答ふ」の中でも答えている）。

「諸家の批評に答ふ」は、もともと本書の刊行から十二年後に出た『経済本質論—配分原理第一巻』の付録であって、それまでの配分原理研究に寄せられた批評に対する総括的回答といっていいものである。

そもそも、「マルクスのロビンソン物語」は、マルクス的思潮の最も高まっていた時代に、『資本論』における非歴史的・非階級的法則の存在を主張するものであったから、この論文は初めから挑戦的な構えをしていた。その続編である「配分理論」もいっそうそのようなトーンを帯びていた。「諸家の批評に答ふ」においては、そうしたトーンは弱まっている。

6

本書が、戦前の一九四〇年ごろまでに、どのように理解ないし誤解されたかのあらましは、「諸家の批評に答ふ」からうかがわれるとおりである。その後の著者の配分原理の研究がどう発展し、どのように評価されたのか、また、されるべきなのか、については、学説史家の研究がまとまるのを待ちたい。
改めて本書を思い起こさせたのは、ソヴェトの社会主義経済の崩壊に関連して、桶谷秀昭が『マルクスのロビンソン物語』の中の次の一節への注目をうながしたときであった。

おもふに、分配における完全なる正義の実現は、それ自体のなかにいささかも完全なる経済厚生の実現を意味しうるものではない。分配における理想状態は、同時に配分における最悪の状態たることを得る。

〔本書二〇三ページ〕

これは、社会主義計画経済においても「資源配分」をあやまることがありうること、「資源配分」をあやまれば、「分配」において平等であっても「厚生」は実現できない、ということを述べている。ソヴェトの崩壊は、まさにそのことを実証した。著者は、原理的にいっているだけなのであるが、桶谷はこれを「予言的であった」（桶谷秀昭『現代昭和精神の風貌』、河出書房新社、一九九三年）と述べている。

さて、七十余年前、学生だった松田道雄は、「難解のゆえもあって」大熊論文と取り組まなかったというが、今なら、「マルクスのロビンソン物語」を解説してくれる文献がいくつかある。思いつくまま、その二、三をあげてみる。

篠原三代平『現代経済学再入門』第一章　資源配分：理想と現実（国元書房、一九七八年）
杉原四郎「ロビンソン・クルーソーと『資本論』」（『現代思想』三—一三、一九七五年十二月）
大塚久雄『社会科学における人間』Ⅱ マルクスの経済学における人間（岩波書店、一九七七年）

大塚は、マルクスのロビンソン論について詳細な分析と解説をおこない、『資本論』のなかに資源配分論、少なくともその萌芽が見られることを指摘したのち、こう述べている。

少々不思議に思うのは、昭和初年に大熊信行氏がみごとにこの問題をとらえ、その後もさらにそれを展開しておられるのなどを別にしますと、マルクス経済学の側でこのマルクスの資源配分論の展開が、ないなどとは言えないにしても、あまり見られない、ということです。残念に思うと同時に、どうして経済学史上こういう逆転が起こったのかを知りたいと思っています。

著者・大熊信行は、大塚のこの『社会科学における人間』の奥付発行日、一九七七年六月二十日、その論争的な生涯を閉じた。

7

以下は、本書をめぐる、さらなる余談である。「風変わりな題名」のせいではないが、「マルクスのロビンソン物語」は、いくつかの小説の中に登場する。

伊藤整の自伝的かつ幻想的小説『街と村』(一九三七年「幽鬼の街」として発表。のち「幽鬼の村」と合わせて、長編『街と村』となる)で、故郷の街を再訪した主人公・鵜藤(伊藤整)が小林多喜二に注意されて、小樽の日本銀行前の道をゆっくり歩いてくる小樽高商教授歌人小隈宣幸氏(大熊信行)の姿を見る。小隈氏が持っているのは、自著『マルクスのロビンソン物語』とある。

同じく、伊藤整の自伝小説『若い詩人の肖像』に、こう書いてある。「私が高等商業学校の生徒だった時、大熊信行とか、南亮三郎とか、室谷健治郎という経済学原論や経済学史を教えていた二十代の若い教師たちは、みなマルクス主義を気にして、講義の間にそれに言及し、その構造の要所を説明した。そして大熊信行は「マルクスのロビンソン物語」という言い方でそれに対して批判的」だった。

しかし、事実は小説と少し違って、小樽高商時代の大熊は、マルクスのロビンソン物語をまだ発見していない。講義の中に「マルクスのロビンソン」が出てくるはずはない、また、この論文は「マルクス批判」ではない、と著者はいっている（『文学的回想』、第三文明社、一九七七年）。おそらく、後年の『マルクスのロビンソン物語』が世に出たころの、マルクス学派の受け止め方の記憶が伊藤整に残っていて、このような表現をとったものであろう。本書の著者が労働価値の思想について「護教」の立場にある次第は、論文「マルクスのロビンソン物語」のむすびが、美しい比喩でもって述べている。

宮本百合子の自伝的小説『道標』第三部には、ロンドン留学中の大熊信行がモデルとされる経済学者（利根亮輔）が出てくる（主人公・伸子と利根との交友関係については、ここでは省略する）。主人公の伸子は、ロンドンからパリに戻って、蜂谷良作（平貞蔵がモデルだといわれる）から、マルクス『資本論』の講義を受ける。伸子は、その講義をノートしながら、こんなことを思う。

ああ、これが有名なロビンソン物語——伸子は鉛筆を働かせながらさう思つた。利根亮輔をロンドンで、大英博物館図書館にかよはせてゐたロビンソン物語——

「ああ、これが有名なロビンソン物語」とあるけれども、著者の論文が世に出るまで、『資本論』のこの箇所は、人々にほとんどかえりみられていなかった。伸子が「ああ、これが……」というような予備知識をもっていたとしたら、それは利根亮輔との交友の中で得たものなのであろう。作者・宮本百合子の湯浅芳子への手紙には、大熊とのつきあいについて細かに報告しているところがかなりあるが、その中にこういう箇所がある。

この間は、もや〔芳子の愛称〕にも書いたショーの本の一二行のこと、つまりShawが社会主義は分配ディストリビューションの問題だということについて、私が抱いた疑問、分配と配分との経済学的意味の違いを〔大熊から〕きいて、面白かった。もや、もう理解して居る？ この二つの言葉の内容的違いを。

（一九二九年九月十三日）

百合子は、「分配」と「配分」との区別については、大熊によくたたきこまれたようである。伸子にマルクスの「ロビンソン物語」を教えたのは、やはり、利根亮輔にちがいない。

（文中、敬称略）

（二〇〇三年五月二七日）

復刻版について

この復刻版は、造本や組み体裁については、原本を復元したものではない。論創社の名著復刻シリーズ（『論創叢書』）の規格にそったものである。また、原本には一二ページに及ぶ索引（人名・事項）がついているが、著者自身が「序」の中で述べているように、これは海外留学中の著者に代わって出版社側で作成されたものである。そのためか、事項の採録の仕方に一部不整合な点もみられるので、この復刻版では人名索引のみに限っている。

付録として、「諸家の批評に答ふ」を収めた。これは、原本の後続著作『経済本質論—配分原理　第一巻』（日本評論社、一九四一〔昭和16〕年）に「付録　第壱」として付けられているものである。原本収載の諸論文の内容が、当時の日本の学界にどのように迎えられたのか、また、それに対して、著者がどのように応酬したのかを知るために役立つものと思われる（したがって、この「諸家の批評に答ふ」において「本書」とあるのは、『経済本質論—配分原理　第一巻』のことを指すので、ご注意いただきたい）。

人名索引

大熊信行（おおくま のぶゆき）
1893年山形県米沢市に生まれる。東京商科大学卒業。小樽高等商業学校教授、高岡高等商業学校教授、東北帝国大学講師を経て、戦後、富山大学教授、神奈川大学教授、創価大学教授を歴任。山形県地方労働委員会の初代会長もつとめる。経済学博士。1977年米沢市にて歿。著書に『社会思想家としてのラスキンとモリス』（新潮社・1927年）、『マルクスのロビンソン物語』（同文館・1929年）、『文学のための経済学』（春秋社・1933年）、『経済本質論』（同文館・1937年）、『国家悪』（中央公論社・1957年※のち、論創社より再刊〔1981年〕）、『資源配分の理論』（東洋経済新報社・1967年）、『生命再生産の理論』上・下（東洋経済新報社・1974〜75年）ほか多数。歿後刊行されたものに、『昭和の和歌問題』上・下（短歌新聞社・1979年）、『母の手―大熊信行全歌集』（短歌新聞社・1979年）、『戦中戦後の精神史』（論創社・1979年）、『告白』（論創社、1980年）、『ある経済学者の死生観』（論創社・1993年）などがある。

［解説］**榊原昭夫**（さかきばら あきお）
1936年岩手県に生まれる。神奈川大学法経学部卒業。長らく出版社に勤務。現在、フリー編集者。『大熊信行研究』編集人。

マルクスのロビンソン物語　〔論創叢書２〕

2003年７月20日　初版第１刷印刷
2003年７月30日　初版第１刷発行

著　者　大熊信行
装　訂　林　佳恵
発行人　森下紀夫
発行所　論　創　社
〒101-0051　東京都千代田区神田神保町2-23　北井ビル
電話 03-3264-5254　振替口座 00160-1-155266

組版　ワニプラン／印刷・製本　中央精版印刷

　ISBN4-8460-0373-6